儿童专注力训练手册

段雅萍　黄斯绵　著

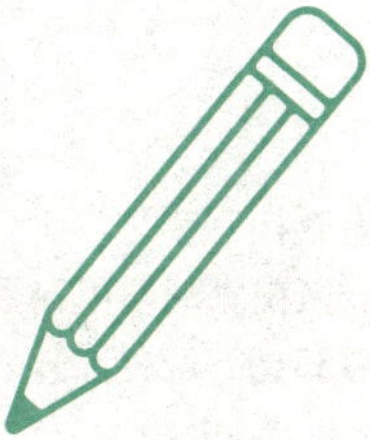

中国妇女出版社

图书在版编目（CIP）数据

儿童专注力训练手册 / 段雅萍，黄斯绵著. -- 北京：中国妇女出版社，2023.10

ISBN 978-7-5127-2236-1

Ⅰ.①儿… Ⅱ.①段… ②黄… Ⅲ.①注意－能力培养－儿童读物 Ⅳ.①B842.3-49

中国国家版本馆CIP数据核字（2023）第001114号

选题策划：肖玲玲
责任编辑：陈经慧
封面设计：末末美书
责任印制：李志国

出版发行：中国妇女出版社
地　　址：北京市东城区史家胡同甲24号　　邮政编码：100010
电　　话：（010）65133160（发行部）　　65133161（邮购）
网　　址：www.womenbooks.cn
邮　　箱：zgfncbs@womenbooks.cn
法律顾问：北京市道可特律师事务所
经　　销：各地新华书店
印　　刷：北京通州皇家印刷厂

开　　本：145mm×210mm　1/32
印　　张：7.25
字　　数：130千字
版　　次：2023年10月第1版　　2023年10月第1次印刷
定　　价：59.80元

如有印装错误，请与发行部联系

此书献给热爱学习和专注儿童专注力训练的家长

感谢高岚教授和青籽心理团队

目录

第一章 注意力决定孩子一生的学习能力

2 第二章

影响注意力的因素

第三章

“对症下药”，专项注意力训练

第四章

让注意力训练变得更高效

第五章

儿童注意力家庭训练计划

第一章

注意力决定孩子一生的学习能力

注意力是什么？它为何如此重要？哪些行为是注意力不好的表现呢？孩子好动就是患了多动症吗？

孩子的注意力有多重要？

注意力在一个人的学习生涯中起着非常重要的作用。

不知道各位家长是否在你的孩子身上发现过以下这些情况。

1. 孩子上课的时候总是不听老师讲课。老师讲课时，孩子看似坐在座位上，眼睛直勾勾地盯着老师，但事实上什么都没有听进去。

2. 老师在讲台上讲课，孩子在下面抠橡皮，或坐在凳子上晃来晃去。

3. 老师讲课，孩子却在下面做自己的，还把书本上的插画涂涂改改，让人看了哭笑不得。

以上三种情况都说明孩子的注意力并没有集中在老师讲的内容上，可能存在注意力不佳的问题。

几乎每位家长都很关心孩子注意力的问题。在我的咨询室里，家长们经常反映孩子存在的问题有两个，一个是情绪问题，另一个就是注意力问题。

那么，注意力不佳可能会带来什么后果呢?

第一，影响孩子的学习成绩，从而打击自信心。这一点在小学低年级可能表现得不是特别明显。因为一二年级的知识比较简单和零散，对需要长时间专注地进行记忆和理解的要求并不高。到了高年级，情况就不同了，因为这时开始出现一些比较长的课文，数学题也开始出现比较复杂的计算，需要拆分成好几个步骤才能解出来，在这个过程中还不能算错或写错任何一个数字。这对孩子拥有长时专注的记忆和理解能力的要求比较高，如果孩子注意力差，这时在学习上就会感到力不从心。而且随着年级的增加，对注意力强度要求和持续时间会越来越高。到了初中，随着学习任务的增加，孩子学习的时间也会随之变长，这对于注意力不好的孩子来说无疑是一种挑战。所以随着时间的推移，注意力不佳的孩子的学习成绩也会越来越差，这会让孩子对自己的能力产生怀疑，也会对自信心产生影响。这样的自我评价，让这些孩子进入社会以后，面对困难时容易退缩，因为他不认为自己有能力完成这些事情。

第二，注意力不佳，可能导致孩子缺乏耐心，还可能影响孩子的人际交往。注意力差的孩子，很多都缺乏延迟满足的能力，这会带来克制力差的问题。这里的延迟满足指的是，我想做一件事，但我知道现在不能做，要晚一点才能做。比如，孩子上课的时候想和其他同学说话，但是他知道现在不能说，需要等到下课再说。通常这种能力会随着年龄的增长而增强。

但是注意力差的孩子，延迟满足的能力通常会差一些，他们常常不能耐心地等待。比如，几个孩子轮流玩一个游戏，注意力差的孩子很难接受等待，他要第一个玩，还可能出现插队、打断别人说话的情况，所以他们的规则感也会差一点。

另外，这些冲动的倾向也会影响到孩子换位思考能力的发展，让孩子很少去理解他人的感受，想要别人的东西就直接拿，动不动就碰一下旁边的人，等等。这些行为会导致孩子缺乏团队合作和人际交往的能力，还可能会影响到孩子的交友。

第三，亲子关系变差，导致孩子出现品行问题。很多父母发现孩子注意力不佳，为了解决这个问题，往往会对孩子的要求更加严格，比如，规定孩子在什么时间之内完成作业，一旦出现违反规则的情况，父母常常容易变得焦虑，难免会对孩子进行责骂或批评。这样的教养方式不仅会让孩子的注意力越来越糟，还会影响到亲子关系。因为注意力较差的孩子通常会比一般孩子出现更多错误，如果爸爸妈妈对这些错误非常敏感，就会导致亲子之间的互动变成以不断地责骂、教育和限制为主，快乐的亲子时光就随之减少。这样的相处模式会让孩子失去自信心，认为自己没有办法保持专注，也会让孩子积累许多怨气。随着年龄增长，孩子开始出现自主意识，他可能会处处和父母作对，比如，故意不完成作业，说谎欺骗大人，动不动就发脾气，等等。

所以，注意力的培养非常重要，如果注意力发展不好，可能会导致出现以上各种各样的问题。

究竟什么是注意力呢?

注意力是人的心理活动指向和集中于某种事物的能力。比如，当你读这本书的时候，这本书就是一个特定的目标，当你把心理活动指向这本书上的文字时，你就很难关注到其他事情，这就是一个注意的过程。

在现实生活中，我们关注到孩子们存在很多行为问题，这些行为通常与注意力的四大品质有关，这四大品质是注意力的核心概念，它们分别是：注意力的稳定性、广度、分配性和转移性。

孩子上课爱溜号，和注意力的稳定性有关

注意力的稳定性指注意力可以维持的时间长短。我们常听家长说，孩子在听课时大部分时间处在溜号状态，即走神或者和别的孩子交头接耳。这些状态描述的就是孩子注意力的稳定性。稳定性意味着一个人在一定时间内，比较稳定地把注意集中于某一特定的对象与活动的能力。稳定性比较强的人，对抗外界干扰的能力也会比较强。

把稳定性放在第一位介绍，有两个原因。第一个原因是注意力的稳定性是现代人最需要的一种品质。

稳定性意味着一个人“稳”的方面，决定了人是否能够长时间地进行高强度、高复杂度的脑力工作。随着社会的发展，脑力劳动的需求量越来越大，稳定性越强的人，学习能力也越强，越有可能进入需要高抽象和高智力的领域，将来在学业上获得的成就也可能越高。而注意力的其他方面，即广度、分配性和转移性，其实都是代表注意力“动”的一面，它们让人的注意力不至于过度地集中和刻板化。稳定性非常重要的第二个原因是，众多家长最关心的往往也是这种品质。许多家长抱怨孩子注意力不集中，通常都在说孩子上课不认真听讲、搞小动作，或者写作业很慢，其实这些都是注意力稳定性差的表现。家长期待孩子能够安静地坐在书桌前，认真地完成所有学习任务，而不是像个小电动马达一样停不下来。

培养注意力广度，让孩子轻轻松松“一目十行”

注意力的第二种品质是广度，它代表的是注意的范围。研究表明，在1秒钟内，一般人可以注意到4～6个相互联系的字母，5～7个相互没有联系的数字，3～4个相互没有联系的几何图形。当然，不同的人具有不同的注意力广度。一般来说，孩子的注意力广度要比成年人小。但是，随着孩子的成长及不断地进行有意识的训练，注意力广度会不断提升。

所以，我们会发现，有的孩子阅读速度非常快，一本书很快就看完了，而且书里的内容基本上都能吸收，这就是因为他注意力广度比较大，很多信息一下子就能抓到。可是如果一个孩子的注意力广度不够大，那他看书就得一个字一个字去看，这样阅读速度就变慢，也会影响到学习效率。

另外，注意力广度是分配性和转移性的基础，这点我们会在后面详细说明。

孩子喜欢一心二用和注意力的分配有关

注意力的第三种品质是分配性，指人的注意力可以同时集中在多个目标上，你可以简单地理解为一心多用。

在生活中，我们能一边炒菜一边听新闻，这就关乎注意力的分配。但我们要知道，人的注意力是有限的，不可能什么东西都关注，如果要求自己什么都注意，那最终可能什么东西都注意不到。但是，如果注意的目标是熟悉的或不是很复杂时，我们也可以同时注意一个或几个目标，并且不会忽略其中任何一个。

对于注意力的分配性，其实很多家长都容易进入一个误区，那就是认为让孩子同时做好几件事，对注意力的培养有帮助。对于孩子而言，因为注意力的广度不足，是无法做到一心二用的，而且不恰当的一心二用，对注意力会造成非常大的损害。

现在有很多年轻人喜欢同时做好几件事情，例如一边听歌一边洗澡，一边看视频一边吃饭，一边聊天一边工作等，好像只要不同时做两件事，就是在浪费时间。研究表明，人的注意力空间是有限的，无法同时做两件需要耗费很多注意力资源的事情，比如，我们很难一边和人对话一边思考别的问题。那些真正能够一心二用的情况，其中必然有一件事已经达到了自动化水平，也就是说不需要经过大脑思考，例如，人之所以可以一边听广播一边吃东西，是因为没有认真思考广播里的内容，一旦把注意力集中在广播的内容上，就顾不上认真夹菜，一旦想要专门夹某种菜，就会漏掉广播里的内容。

大人尚且如此，孩子就更加不能做到一心二用了。现在有许多家长允许孩子一边吃饭一边看电视，或者是在孩子写作业的时候和他说别的事情，这其实已经超出了孩子的注意力水平。孩子无法同时做两件事，就只能先停下一件事，去处理另外一件事，但等手头这件事处理完了，可能已经把原来那件事忘记了。

分配性提升的要点在于：第一，广度的提升。当我们谈注意力的分配性时，首先要注意到这些信息，这样才能谈如何去分配，所以如果注意力的广度不够，注意到的内容本身就受限，那可用来分配的资源就很少。第二，对于事情熟练度的提升。当你非常熟悉某件事情，如何完成就变成一种下意识的工作，不需要特意思考，就好像骑自行车，一旦学会就不用刻意去控制了。这时，你就可以把注意力腾出来关注其他的事情。

培养注意力的转移性，快速进入学习状态

第四种品质是注意力的转移性，它代表快速切换注意目标的能力。比如，孩子看完一部有趣的影片后，马上给孩子讲解数学的解题思路，如果孩子能迅速地把注意力从影片转到数学题上，孩子注意力的转移性就不错。

注意力的集中和转移是注意同一件事物的两个方面。孩子每天都在这两种状态下学习或生活，每天要上好多节课，每一节课的内容有所不同，就算是同样的一堂课，有时候要记笔记，有时候要看黑板，也存

在注意力转移的过程。所以，注意集中的能力与注意转移的能力在学习中同样重要。注意力转移是指有目的地、及时地将注意从一个对象或者一项活动调整到另一个对象或者另一项活动。注意力转移的速度是思维灵活性的体现，也是快速加工信息形成判断的基本保证。

值得一提的是，有些孩子的转移性比较弱，如果让他参加一些需要快速做出反应的比赛，他可能不太适应。还有一些孩子天生转移性比较好，但是稳定性一般，他们一天可以做许多不同的事，喜欢和很多小伙伴玩耍、聊天，但是在书桌前只能待很短的时间。一般而言，外倾型的孩子转移性比较好，而内倾型的孩子稳定性比较好。这个规律并不是绝对的，有时也会出现一些例外。

对于刚刚从家庭进入学校环境的孩子来讲，注意力的转移与孩子被唤起注意的习惯也有关系。通常在家中，当呼唤孩子做一件事情的时候，我们常常会叫他的名字或者叫“宝宝”。我们都知道，人的耳朵对自己的名字是最敏感的，所以，当孩子听到他的名字或者“宝宝”这两个字时，他就知道是在呼唤他，这时候他就会把注意力转移过去。但是当孩子在学校的环境里时，老师会说：“注意了，听我讲。”因为没有一个特别的指定，这时候孩子就很难理解，这个“注意”是与他有关的，他可能就不能快速地把注意力转移到任务上。

如果孩子具备快速转移注意力的能力，那他就会比较擅长做繁杂、相对独立且需要灵活应变的事情；如果孩子注意力能集中较长的时间，那他就适合对一个问题进行深入的研究。孩子各有所长，如果能看到孩子的优势，就能发挥出他最大的潜力。

练一练：

请把下面的成语和对应的注意力品质连接起来。

载歌载舞	广度
一目十行	稳定性
全神贯注	分配性
先礼后兵	转移性

答案：

载歌载舞代表的是注意力的分配性，因为是一边唱歌一边跳舞，同时做两件事情；一目十行代表的是注意力的广度，也就是能同时注意到非常多的字；全神贯注代表的是注意力的稳定性，越是把注意力聚焦在某一点上，越能排除外界的干扰，注意持续的时间也就越长；先礼后兵则代表注意力的转移性，指的是先做某件事，然后停下来，再去做另外一件事。大家都做对了吗？

孩子刷短视频会影响主动注意力

经常有家长问我："老师，我让孩子做作业，他持续不了多久，但是他刷短视频却可以坚持很长时间，这到底是注意力好，还是不好呢？"

其实这与主动注意和被动注意有关。

主动注意又称有意注意，是自觉的、有目的的注意。被动注意又称无意注意，是自然发生的、没有自觉目的和不加任何努力的注意。

举个例子，你正在阅读一本书，这时你需要主动调动心理能量，将这一能量投注在书的内容上，这就是主动注意的过程。但是如果这时外面突然传来火警的声音，你会怎么做呢？这时候你还能静下心来看书吗？大概率是不能。你可能会扔下书，赶紧跑出去看看——怎么了呀？是不是你们住的楼着火了？这种反应基本上不需要经过大脑的思考，是一种非常本能的、自然的反应。因为此刻你的生命可能正处于危险之中，所以你一定会先解决这个问题。由于这种显著的外在刺激，你的注意力自然地被吸引过去，这就是被动注意的过程。

主动注意需要个体有意识地努力，比如读书、写字等；而被动注意则不需要有意识地努力，是一种本能的、自然的反应。

孩子的很多注意都是被动注意，他很容易被好玩的事情吸引，比如，有一只小狗跑来跑去，孩子可能会说："哎呀，那里有一只小狗，好可爱！"看见同学拿着新玩具，他会说："哎呀，我那个同学拿的玩具我很喜欢！"还有可能会说："今天我们语文老师穿了一条红色的裙子，这条裙子我好喜欢……”孩子很容易被外界的东西吸引，这些都是自然发生的，不需要任何努力。

回到本节开头的问题，孩子刷短视频很专注，但是做作业却不专心，这是为什么呢？刷短视频是被动注意，它是天生就有的，不需要培养。只要有一件有趣的事情出现，孩子就会被吸引。例如，在户外的时候，孩子的眼前飞过一只蝴蝶，他会感叹“哇！蝴蝶好美”。孩子喜欢看短视频是因为屏幕上的画面很吸引人。

与这些相比，写作业是一个枯燥的过程，作业本上没有鲜艳的色彩，也没有好玩的动画，全都是白纸黑字，还要动脑筋。这就需要孩子投入主动注意。所以孩子喜欢看电视，不爱写作业，是非常正常的，因为主动注意是费力的，而被动注意是不费力的。有些家长喜欢让年龄小的孩子用 iPad 学习，通常 iPad 上的每道题目都会被有趣的故事和好玩的动画包装起来，完成一道题还会有奖励，这样做可能会降低孩子的注意力，并不利于培养孩子的主动注意力。

那么问题来了，我们的注意力训练，培养的究竟是主动注意力，还是被动注意力，或者两者皆有之？当然是主动注意力。

为什么呢？有两方面原因：

其一，因为孩子个人能力的提高主要是通过主动注意获得的。例如，听课、写作业、阅读、玩智力游戏、做家务等。

其二，每个人的被动注意力天生就比较强，不需要继续提高。

值得一提的是，在当今和未来社会，主动注意正在遭受一个巨大的危机，那就是来自新媒体的冲击。

如今很多新媒体都在争夺大众的注意力，各种精彩有趣的短视频，夸张的商业广告，让人欲罢不能的网络游戏……这些无不影响着年轻人的生活，把他们的时间变成一小块、一小块。如果在孩子的人生观、价值观还没有稳定之前依赖于短视频获取知识，可能获取的很多知识是割裂的、片面的，甚至错误的。长此以往，他们可能会失去深度思考的能力，当一个人跳过独立思考的过程即可获得答案，就会产生依赖心理，可能再也不愿意花时间阅读一本书、研究一个问题。这对于课堂知识性的学习，恰恰是有害的。我这么说并不是要阻止孩子使用电子产品，他们生活在这个时代，要顺应时代的特点，我想表达的是，我们要平衡孩子学习的方式，从而保护孩子的主动注意力。很多孩子觉得学习很难，不愿意通过思考获得答案。而只有拥有足够强的主动注意能力，孩子在学习遇到困难时才愿意不断地投入时间与精力解决困难。

为了保护孩子的主动注意力，不仅需要通过专门的训练来提升孩子的注意力水平，而且要帮助孩子养成好的注意力习惯，避免外界的干扰对孩子的注意力造成影响。

练一练：

以下更多启用到主动注意力的活动有（　　）。

A. 不带目标地看电影　B. 阅读　C. 画画

D. 讨论

答案：BCD

孩子太好动，会不会患了多动症（ADHD）？

多动症是儿童时期较常见的精神行为障碍，核心症状是注意力缺陷，以及多动、冲动。看到自己家孩子特别好动的时候，很多家长会担心自己的孩子会不会得了多动症。下面为大家介绍一下患多动症的孩子的具体表现。

第一，注意力缺陷。

1．经常不能关注细节，容易在作业、工作，或者其他活动中因粗心大意而犯错误。

2. 在做任务或游戏活动中经常难以维持注意力。

3. 当别人对其讲话时，经常看起来没有在听。

4. 经常不遵循指示，以至于无法完成作业、家务或其他的事情。

5. 经常难以组织任务和活动。

6. 经常回避、厌恶或不情愿从事需要精神上持续努力的任务。

7. 容易丢失任务或活动所需的物品。

8. 经常容易因外界的刺激分神。

9. 经常在日常活动中忘记事情。

在上面这些表现中，如果孩子出现了6种及以上的情况，并持续6个月以上，程度达到与发育水平不符，并间接影响社会／学习活动，孩子有可能存在注意力缺陷，需要去医院诊断。

第二，多动与冲动。

1. 经常手脚动个不停，或在座位上扭动，坐不住，屁股下面好像坐了根钉子一样。

2. 当被要求坐在座位上时却经常离座，不跟老师打招呼自己就站起来跑了。

3. 经常在不适当的场所跑来跑去或爬上爬下。

4. 经常无法安静地玩耍或从事休闲活动。

5. 经常忙个不停，好像被发动机驱动着，比如在餐厅里保持不动，这会让他很不舒服。

6. 经常讲话过多。

7. 经常在别人提问还没把话说完时就抢着把答案说出来。

8. 排队的时候不愿意等待，要插队。

9. 经常打断或侵扰他人，比如别人说话时他经常插嘴。

以上指标中如果你的孩子出现了 6 种及 6 种以上

的情况，并持续6个月以上，程度达到与发育水平不符，并且间接影响社会／学习活动，孩子有可能存在多动与冲动，需要去医院诊断。

多动症的孩子需要同时满足注意力缺陷与多动、冲动这两个指标。

如果你怀疑孩子患有多动症，需要到当地医院找医生做专业的诊断，进行专业的治疗。同时，家长在家中也可以用一些注意力训练的方法帮助孩子提升注意力水平。

本章总结

我们首先分析了注意力差可能会导致的后果。

一是影响孩子的学习成绩，导致自信心受损；二是让孩子缺乏耐心和礼貌，从而影响孩子在团体活动中的规则感，甚至影响孩子的人际关系；三是孩子注意力差会让家长对其管教更加严厉，容易使亲子关系变得紧张，如果处理不好还可能导致孩子出现品行方面的问题。

然后，我们学习了注意力的四大品质。

第一个是稳定性，它指的是一个人在实现目标与参与活动的过程中可以保持注意力多长时间。

第二个是广度，它代表一个人注意事物

的范围。广度也是注意力分配性和转移性的基础。

第三个是分配性，也就是一心多用，对于我们非常熟悉的事情，是可以做到一心多用的，但并不意味着经常一心多用是个好习惯。

第四个是转移性，指注意力在不同的事情之间相互切换。

最后，我们学习了主动注意和被动注意。主动注意是需要意识努力维持的注意力，比如读书、写作业、听课；被动注意是不需要意识主动努力的注意，比如看电视、打游戏、被巨大的声音吸引等。我们主要是培养孩子的主动注意能力，让他更能适应高强度学习和脑力活动的现代环境。

2

第二章

影响注意力的因素

孩子的注意力和什么有关呢？年龄、大脑发育、饮食、情绪、兴趣、环境，这些都是重要的影响因素吗？哪些可以通过后天改善呢？

为什么孩子写作业很费时间？

和大家分享一个故事，故事的主角是一个6岁的小男孩，我叫他壮壮，今年刚刚上小学一年级。小学一年级一节课的时间是40分钟，壮壮有些不适应，每次刚上课10多分钟就开始走神。后来慢慢地，老师讲的新知识也听不进去了，就像“左耳朵进，右耳朵出”一样。他经常把玩桌子上的小东西，比如橡皮、铅笔，有时还会捉弄前面的同学，或者和同桌说悄悄话。因为这些表现，老师跟家长反馈壮壮上课有些不专心。

壮壮的家庭作业是可以一个人完成的，就是花费的时间比较长，一般孩子40分钟就可以完成的作业量，壮壮要花上两倍的时间。妈妈发现，通常前10分钟壮壮写作业的速度非常快，但是渐渐地，小动作就变多了，比如，书桌上有小娃娃，他就会忍不住拿来玩一会儿，被妈妈拿走之后，他就会拿橡皮玩。如果把橡皮没收了，壮壮就会在课本上涂涂画画。看到这样的情况，妈妈也很着急，于是决定坐在壮壮旁边监督他，如果发现壮壮分心了，就会严厉地催促他抓紧时间，还告诉他，如果不按时完成，今天就不能看电视了。在妈妈的努力监督下，壮壮的效率非但没有变快，反而更加拖拉了，每次一写作业就会感到巨大的压力，他害怕被妈妈责备，也担心不能看动画片，一想到这些，就变得非常焦躁、心不在焉，原本会做的题也做不出来了。

在我的咨询室里，我问壮壮妈妈，孩子一般在家都喜欢玩什么，有没有玩过一些对注意力有帮助的小游戏，壮壮妈妈说因为自己平时工作比较忙，很少陪孩子玩游戏，没给他挑选过什么智力游戏，也很少给他买书，都是让他自己在 iPad 上玩。壮壮平时就喜欢看一些时间比较短的动画片，或者妈妈下载几款小游戏给他玩。上小学之后，开始有作业了，妈妈决定在孩子完成作业之后再让他玩。而对于监督壮壮写作业，妈妈刚开始感到很烦躁，因为很多时候都是一边回复工作信息一边监督他，后来她决定坐在孩子旁边工作，她觉得这样既营造了学习氛围，还不影响工作，一举两得。

练一练：

听了这个故事，大家觉得壮壮的注意力怎么样呢？是什么导致壮壮分心、完不成作业的？

A. 壮壮 6 岁，刚上小学，课堂上持续 40 分钟保持专注对他来说要求较高。

B. 课桌上其他东西太多，影响了壮壮的注意力。

C. 妈妈的情绪状态影响了壮壮的注意力水平。

D．常常用到被动注意力，主动注意力得到的锻炼太少。

答案：ABCD

究竟是什么影响了壮壮的注意力?

我们知道，影响注意力的因素非常多，在这个故事当中，影响壮壮注意力水平的原因有以下几个。

第一，壮壮的年龄。壮壮现在6岁，但是学校的教育要求他注意力持续40分钟以上。在幼小衔接的过程中，很多孩子都会不适应，这是正常的。如果老师讲课的形式不够生动有趣，孩子就很有可能分心。当然，不同的孩子分心的表现不同，有些孩子只是单纯地走神，不容易被发现，但如果孩子出现交头接耳或者搞恶作剧的行为，就容易被老师关注到。

第二，环境的干扰。前面我们讲过孩子的被动注意比较弱，所以对于外界的干扰，他的抵抗能力较差。在壮壮的案例中，书桌上的玩具，好玩的橡皮，妈妈在他身边使用电脑、回工作消息等，都构成了干扰条件。

第三，壮壮在写作业这件事情上的情绪问题。妈妈的严厉监督，以及设置的惩罚措施，都给壮壮带来了心理压力，让壮壮变得害怕自己完不成作业，不能让妈妈满意。在这样的负面情绪下，注意力也会变得涣散。

第四，关于孩子注意力的培养。壮壮的妈妈其实并不注重孩子注意力的培养。一般来说，孩子会接触到各种各样的游戏和活动，它们之中有许多对主动注意的发展是有帮助的，比如通过阅读绘本、搭积木等，是可以培养孩子注意力的稳定性的。但是妈妈为了图方便，在幼儿园时期用 iPad 就把孩子打发了，这就导致孩子一直在运用被动注意力，以至于比别人少了很多训练主动注意力的机会。

影响注意力的两大因素

借助壮壮的案例，我们来探讨一下影响注意力的因素。为了方便大家理解，我把所有因素整理成两大类：核心因素和影响因素。

核心因素指决定孩子注意力水平的因素，包括年龄、大脑发育水平和注意力培养。它们决定了孩子目前注意力水平的阈值，即注意力的最高水平。想进一步提高注意力水平，是需要时间的。

影响因素造成了孩子短期之内的注意力波动，包括饮食、情绪、兴趣和环境干扰。如果这些因素都能达到最佳状态，就能发挥孩子注意力的最高水平，否则就会受到负面影响。在孩子发挥注意力的时候，需要把这些因素调整到最佳状态，比如，写作业的时候尽量避免环境嘈杂。

注意力持续多久最佳？了解儿童注意力的发展规律

年龄是影响注意力的核心因素之一。人的注意力不是生下来就达到了最高水平，它是一个随着年龄而逐渐增长的过程。如图 2-1 所示，从婴儿出生，注意力开始发展，25 岁左右达到顶峰，而后又逐渐衰退。因此，在人的一生当中，注意力水平是一个变化的过程。

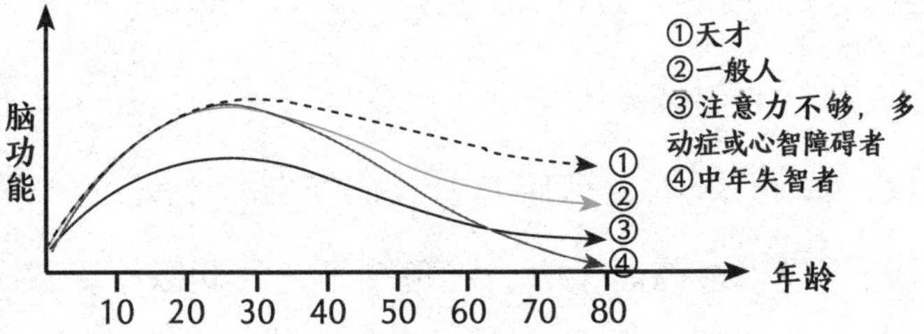

图 2-1　脑功能变化曲线图

我经常听到家长抱怨孩子的注意力不好，在这些案例里，有一部分孩子的注意力水平确实比较低，但也有一些孩子的注意力能力是正常的。家长总站在成年人的视角来评判孩子，这就导致不管孩子做得多好，在家长眼中都是不合格的。我们曾经就家长的教养情况做过一项调查，发现只有 32.5% 的家长能正确估计一年级孩子的注意力水平，其余家长对孩子应有的注意力维持时间有着不同程度的高估，其中甚至有 7.8% 的家长完全混淆了成年人与一年级孩子的注意力水平。

在这里我想和大家分享的是，很多家长不仅对孩子的注意力水平缺乏认识，还对孩子的各方面能力有着过高的期待。这样的期待未必是一件好事，因为期待过高，即便孩子发挥出自己的最好水平，在家长眼里也是不够好的。这样的家长往往对孩子过度严格，因为一些小过错而生气、责备孩子，长此以往，孩子容易形成自卑的性格，觉得自己没有能力，做什么都不够好，更严重的，还会怀疑自己不值得被爱，认为爸爸妈妈不喜欢自己。当孩子从小接受了太多的否定和批评，慢慢地，孩子就会把来自父母的负面评价内化成他的自我概念——认为自己是差的孩子。而且他会在现实生活中不断验证这个观点，导致各种行为问题，以及抑郁、焦虑情绪的出现。所以家长和教育工作者一定要了解孩子正常的注意力发展水平，调整自己对孩子的不合理期待。

大脑发育快慢不同，别再和别人家的孩子做比较了

影响注意力的核心因素是大脑发育的快慢。前面我们提到，不同年龄段的孩子大脑处于不同的发育水平，但实际情况并不是这么简单。图 2–2 代表的只是平均水平，具体到每个不同的个体会有差异。有的人的大脑发育得快一点，那与同龄人相比，他的注意力表现就会比较好；有的人发育得慢一点，那现阶段的学习任务对他来说就有一定的难度。所以，对于每个年龄段的孩子来说，注意力水平代表的是一个范围，这个范围代表了对应年龄的正常水平，孩子的水平只

要在这个范围内都是正常的。

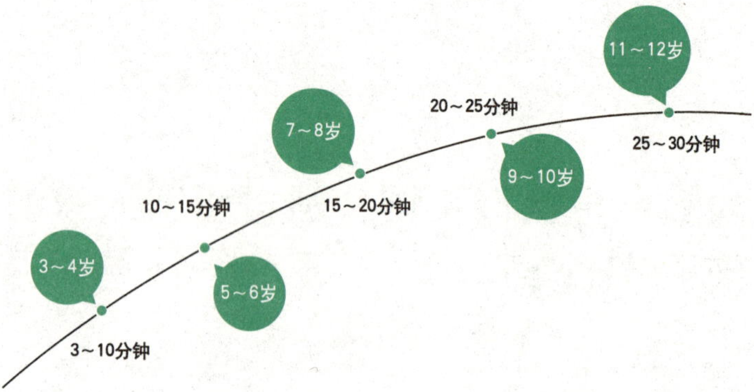

图 2-2　每个年龄阶段孩子（有目的、有任务）的注意力水平

有的家长喜欢拿自己的孩子和别的孩子进行比较："你看隔壁家的孩子，才上幼儿园大班就能背《唐诗三百首》了。""短视频上有个孩子英语说得可流利了，怎么我家孩子就做不到呢？"这种比较的倾向在心理学上叫作"上行社会比较"，属于横向比较的一种，也就是拿别人的长处和自己的短处对比。这种做法对孩子是没有任何帮助的，它只会让孩子感受到父母对自己的不认可，就是我们常说的，童年阴影之一"别人家

的孩子”。我们要看到孩子在纵向上的发展潜质，别的孩子发育得快一点，不代表他的最终水平高，我们的孩子晚了一步，未必将来就会差。许多孩子在初中的时候学习成绩非常好，到了高考的时候反而被当年表现一般的孩子赶上了，这就是一个发育快慢的问题。发育快不代表最后的水平高，只有等到大家都成熟了才能见分晓，而对此父母能做的就是接纳孩子现有的水平，在此基础上培养孩子，这样才能真正发挥出孩子的潜力。

你知道注意力的后天培养有多关键吗？

前面我们讲的都是生理上的因素，影响孩子注意力的核心因素里还有一个是与后天有关的，就是注意力的培养。先天的原因决定了一个人成长的上限，而后天的培养决定了能不能把能力激发出来达到上限。

前面的案例我们分享了壮壮妈妈的教养习惯，其实这种现象非常普遍。在这个快节奏的年代，我们每个人都非常忙碌，尤其是女性，既要工作还要兼顾家庭，实在太不容易了。现在的父母陪伴孩子的时间越来越少，有的家长为了省事，直接把 iPad 给孩子玩，这其实是不利于孩子的身心发展的。正常来说，孩子需要与父母互动，需要与其他孩子进行社交，需要参与一些有挑战性的活动，这样他各方面的能力才能得到锻炼，但这些东西是无法通过电子产品获得的。

我们单就注意力这一项来说，孩子看动画片、玩电子游戏，其实用到的都是被动注意。这些内容是专门为吸引孩子的注意力设计的，有着夸张的情节、鲜艳的色彩和即时的反馈，孩子轻易就能玩一整天。有些家长误以为孩子坐着不动玩 iPad 就代表他注意力好。这种认知是错误的。其实，孩子在这个过程中一直在分心，一下子被小花朵吸引，一下子又被小怪兽吸引，只不过这些分心的要素全都集成在一块屏幕上而已。

在本书的第三章和第四章，我们会介绍一些对注意力有帮助的活动。

饮食不当可能会“偷走”孩子的注意力

接下来介绍的是注意力的影响因素。核心因素与影响因素的区别在于，核心因素决定了孩子本来的注意力水平，但是如果今天有某个影响因素出了问题，比如头天晚上没睡好，导致第二天一直昏昏沉沉，那么孩子原有的注意力水平就发挥不出来。在孩子日常学习和做注意力训练的时候，我们都需要把这些因素管理到位。

第一个影响因素是饮食。刺激性的饮食会影响孩子的兴奋状态，例如，孩子最喜欢的糖果、含糖的饮料，会刺激孩子的大脑分泌多巴胺，让孩子变得兴奋和活跃。大家知道，孩子的冲动管理能力是比较弱的，一旦兴奋起来很难快速实现自我平复，而在这样的状态下，也很难集中注意力去做某件事情。现在许多儿童特制的食物都添加了人工甜味剂等添加剂，这些人工合成的味道会刺激孩子的味蕾，让孩子更爱吃这些产品，但同时也间接地影响到了孩子的注意力。

另外，也要注意避免让孩子接触含咖啡因的饮料，比如茶、咖啡，以及成人喝的功能性饮料等。孩子对这些物质的反应会比成人更加明显，不仅影响孩子的注意力，而且对长期的发育也是不利的。

良好的注意力，需要管理好孩子的情绪“小怪兽”

第二个注意力影响因素是情绪。人在心情平静、精神放松的时候注意力是最集中的，而恐惧、焦虑、沮丧这些情绪，都会影响到注意力，让人变得心不在焉。当出现负面情绪的时候，大脑的许多区域都处于激活状态，也就是说，负面情绪对注意力的影响是很大的。我们可以想一想，你心情不好的时候，是不是很难集中精神，总是会控制不住地想那些让自己不开心的事，而且越想强迫自己不去想，就越停不下来，最后导致做事的效率特别低。成人尚且如此，那孩子受情绪的影响就更大了。所以，当孩子接下来要投入注意力，去认真地完成某件事的时候，父母就需要提前避免孩子受到情绪上的刺激。

想让孩子全神贯注，培养兴趣最重要

第三个注意力影响因素是兴趣。孩子的兴趣会影响注意力集中程度。兴趣是人们积极认识某件事物或关心某项活动的心理倾向。一个对某一学科产生强烈而稳定兴趣的孩子，就会把这门学科作为自己的主攻目标，产生强大的学习动力，从而维持持久、集中的注意力，有效地提高学习效率。事实上，学校设置的各门学科内容都是很丰富的，只要对它们有了深入的了解，发现这些学科和生活的联系，就会对这些学科知识产生兴趣和喜爱之情。情绪情感是非常有力量的，如果孩子热爱这门学科，学习起来自然注意力就会保持得很好。所以我一直强调，学习的目的不仅仅为了考一个好成绩。考一个好成绩是学习的副产品，如果热爱这门学科，很容易考出好成绩。

所以，家长们要留意，不要过分强调学习的结果，比如，把考试分数是不是理想挂在嘴边，总是想让孩子的考试成绩一次比一次好，等等。家长太看重结果，会影响孩子学习的兴趣。家长这么做其实给孩子传递了这样一个信息：在父母眼里，学习成绩比什么都重要，孩子考得好，只不过是为了满足家长的要求。而这种无意识的传递，会让孩子在一定程度上搞不清做好这件事，是他自己的意愿，还是为了达成家长的意愿。如果是因为后者，学习这种事情，对孩子自身的吸引力就会减弱。而一旦孩子在家庭生活中受挫，有了负面情绪后，很有可能以搞砸学习为手段来激怒家长，从而发泄自己的愤怒。

营造良好的学习环境，给孩子的注意力护航

第四个注意力影响因素是环境干扰。前面讲过，孩子的被动注意是比较强的，那么相应地，他就非常容易受到周围环境的干扰。有些大人无视的东西，对孩子则可能造成影响。比如，书桌上比较乱，东西比较多，就很容易让孩子分心，尤其是一些比较有趣的小玩具，会让孩子一边写作业，一边想去玩。这种思想上的斗争，对孩子来说是很煎熬的。所以在干扰因素这一点上，父母一定要注意，孩子的抗干扰能力和大人是不一样的，要根据他们的注意力水平去分析，

尽量保持环境的干净整洁。除了桌面干净整洁之外，常见的环境干扰因素还有周围的噪声、旁人的说话声，以及别的孩子玩耍的声音，等等。一旦周围有这些干扰情况出现，孩子就可能会停下手上的事情去关注这些干扰因素。

曾经有位妈妈咨询我，她觉得孩子太多事了，明明在写作业，她一和哥哥讲话，孩子就来插话，生怕有什么小秘密瞒着他。其他人的对话，对孩子来说也是干扰。为了避免对孩子的注意力造成干扰，父母不要在他写作业的时候在他身边讲话。有时候，父母在孩子做作业时突然送去一盘水果，或者让他喝杯水，这些行为也会对孩子的注意力造成干扰。

本章总结

儿童的注意力受到哪些因素的影响?

在一个具体的案例中，注意力受到影响不可能只和一个因素有关，它是由许多情况共同决定的。

我们把所有的因素分成了核心因素和影响因素两种。

核心因素决定了孩子目前的注意力水平，包括年龄、大脑发育的快慢和后天的注意力培养。

影响因素是指在短期内让孩子的注意力水平上下波动的因素，包括饮食、情绪、兴趣和环境干扰。想让孩子发挥出自己原有的注意力水平，就要保证孩子少接触刺激性饮食，避免受到情绪的干扰，让活动更加有趣，以及消除环境中的噪声和干扰物等。

3

第三章

“对症下药”，专项注意力训练

信息输入有三种途径：视觉信息输入、听觉信息输入和动觉信息输入。注意力也有对应的三大通道：视觉注意力、听觉注意力和动觉注意力。这三项注意力弱会出现什么后果？应该如何提升呢？本章会呈现部分注意力训练活动，家长可以尝试做一做。更多训练活动会在第五章呈现。

注意力与感觉器官

我们通过什么来获得信息呢？首先是我们的感觉器官来接收信息，比如，眼睛看到一个东西，耳朵听到一种声音，身体触碰（摸）身边的事物。外界的信息需要通过感觉器官才能被我们注意到，所以感觉器官是注意力的通道，信息由此进入我们的大脑。各种感觉器官收集到的信息进入大脑后汇总在一起，成为一个相对完整的整体。同时，这个整体也与其他事物有所不同，这就是一个知觉的过程。

根据不同信息的收集通道，我们把注意力分为视觉注意力、听觉注意力和动觉注意力。

揭秘视觉注意力

视觉注意力是最重要的通道，但视觉上的干扰信息也是最繁杂的，如鲜艳的色彩、强烈的形状对比等。如果视觉的注意力不够强的话，会很容易分心。

视觉注意力不好的孩子，会有什么样的表现呢？

第一，不爱阅读。因为阅读是单纯地发挥视觉注意力，所以这方面发育比较慢的孩子，他的阅读能力可能会比同龄的孩子差一些。这里要注意的是，不能因为孩子不擅长阅读就判断他视觉注意力差，而是要分析以下问题：孩子不喜欢阅读什么类型的书，是绘本还是纯文字的书；这本书的难度如何，适合多大年龄的孩子阅读；不擅长阅读的依据是什么，是读不懂故事，是坚持不下去，是读完之后不会复述，还是因为孩子对这本书不感兴趣；等等。

如果发现8岁的孩子读不下去《红楼梦》，那就不是孩子的问题了，是家长的期望出了问题。因为他根本读不懂书的内容，自然也就不可能专注。那么，怎么判断孩子是否对书不感兴趣呢？家长可以找一本同题材的有声书让孩子听，看看孩子听书的感觉如何。如果孩子很感兴趣，但就是读不下去纸质书，这就说明读不下去的原因，不是对图书的内容不感兴趣，可能是视觉注意力较差。

第二，写作业慢。写作业其实也包含了阅读的过程，孩子如果写作业比较慢，有可能是因为视觉注意力出了问题。如果孩子审题不够细心，总是读错题，又或者是检查不出错误，计算的时候经常出错，这些可能是由于他视觉注意力欠佳，导致他在阅读的时候注意力很难集中在关键点上，就像在看一行字时，只是瞥了一眼，并没有看进去、读明白。这样的孩子无法理解或者理解错了题目的要求，最后自然就会做错或解不出答案。长此以往，会让孩子在写作业的过程中很受挫，产生畏难情绪，更不利于注意力的集中。就算情绪没受到影响，他的稳定性也不足以支持他一次完成所有作业，在书桌边待久了，注意力就会涣散。

第三，写错字多。写错字的情况也是比较常见的，比如，写镜像字，b 和 d，6 和 9，2 和 z 分不清楚，写字总是多一笔或者少一笔。这种情况是因为视觉注意力较差导致的，具体来说是视觉的分辨能力，因为他难以区分每个字不同的细节，所以在书写的时候就会遇到困难。

以上是视觉注意力弱的一些表现。

视觉注意力不好可能会出现什么后果呢？

第一，难以进行深度学习。

视觉注意力是非常影响学习能力的，因为我们学习知识，绝大多数靠的是视觉。在中小学阶段，学生学习的方式是以老师授课为主，学生自习为辅，会较多用到听觉，视觉注意力不好，还可以用听觉注意力来弥补。但是升入大学以后，深度自主学习的内容变多了，绝大多数学习都要依靠自己进行阅读，只有在与人交流的过程中，才是以听觉为主。因此，视觉注意力强与弱，会直接影响到一个人获取信息的能力，只有那些能耐下性子阅读的人，才能获得系统而有深度的知识。

第二，难以适应办公室工作。

现在我们的工作大多数是坐在办公室里写报告、写文案、做数据分析等，这些都需要强大的视觉注意力和稳定性。如果这方面的能力比较弱，就会影响工作效率，甚至在工作中频频出错。

第三，较难从事设计类的工作。

包括海报、照片、图画、动画、视频等方面的设计工作，以及绘画、雕塑等艺术类工作，都对视觉的分辨能力有很高的要求，需要区分出细微的色彩和形状。如果视觉分辨力不够强，也是无法胜任这类工作的。

拼音汉字总写反，要加强视觉分辨能力训练

视觉注意力包括视觉分辨能力、视觉完型能力、视觉记忆能力和视觉追踪能力。拼音、汉字总写反，可能与视觉分辨能力有关。

视觉分辨能力是能够区分两个或以上物体之间不同的地方，以及对物体细节把握的能力。如果孩子的视觉分辨能力比较差，就容易把一些相似的字混淆，特别容易写错字或分不清镜像字，比如“未”和“末”，“士”和“土”，“b”和“d”，“6”和“9”，“2”和“z”。孩子也容易在写字时多一笔或者少一

笔。审题的时候经常漏看一些重要信息，也是因为孩子视觉分辨能力不够好，他很难把重要的细节区分开来，孩子看东西是一个整体地去看，用大白话来说就是看得比较粗糙，不够细心，导致的结果就是经常出现错漏，从而影响学业成绩。

在介绍以下注意力提升游戏之前，我需要和各位读者强调一点，我们陪伴孩子做游戏来提升注意力，大家要关注游戏的过程，关注孩子在游戏中获得的体验。如果我们过于焦虑游戏的结果，一旦孩子表现得不够理想，家长就着急，甚至生气，那孩子在游戏训练过程中体验到的只有挫败，会让他越来越不喜欢做同样的事情，而且也会对自己越来越没有信心。我们要把它当成一个真正的游戏来看待，结果不重要，重要的是在陪伴的过程中，你体会到孩子的努力，以及努力后他自己获得的成就感。

如果你能够放松地和孩子一起游戏，而且当孩子在游戏中受到挫败以后，可以包容孩子的情绪，帮助孩子消化情绪，并协助孩子理解情绪，那么你就可以运用本书提供的所有方法以及思路，自己去寻找一些素材，和孩子一起游戏。但如果你和孩子游戏时缺乏耐心，又不能控制自己的脾气，急于看到效果，那我觉得不如让孩子自己去玩这些游戏，或者找一些专业的训练机构去提升注意力。

如何加强儿童的视觉分辨能力呢?

方法一：找不同（答案见附 2，下同）

1. 让孩子仔细观察两张相似的图卡，同时告诉孩子两张图卡上至少有 5 处不一样的地方。

2. 让孩子将不一样的地方用笔圈出来。

第二种方法：找相同

在第二行和第三行的6只羊中找出与第一行那只完全相同的羊，并把它圈出来。

这种游戏非常多，家长可以利用手机或图卡与孩子一起完成游戏。

第三种方法：划消训练

1. 家长将图卡放在桌子上让孩子仔细观察30秒。

2. 给孩子讲解操作规则，并做示范确认孩子理解后让他按下列要求完成。

用“△”标记出所有的“c”，家长用秒表记录时间。

用“○”标记出所有的“p”，家长用秒表记录时间。

用“□”标记出所有的“d”，家长用秒表记录时间。

b	p	l	a	t	i	a	m	n	b	p	c	o	w	l
a	m	w	b	k	c	b	d	q	f	l	n	v	d	e
k	p	l	w	v	p	k	v	l	w	x	p	b	a	p
j	p	q	m	n	s	l	i	p	d	n	d	h	o	b
b	d	q	p	l	q	h	q	j	i	k	m	p	d	o
h	k	l	p	b	k	c	m	c	y	w	i	l	x	d
j	p	q	m	n	s	p	g	c	f	n	m	d	i	p
a	m	w	b	k	c	d	c	m	i	h	f	s	d	v
k	p	l	w	v	p	e	j	g	d	b	m	x	u	i

小学阶段的孩子可以运用全是字母或汉字的图卡。幼儿园的孩子可以用图片的方式，认识数字后，也可以用数字图卡。家长可以根据孩子的年龄以及注意力水平寻找与其相匹配的游戏。

一看书就疲劳，视觉追踪能力不足

视觉追踪能力，是以协调的眼动跟随和追踪物体的能力。简单来讲，就是注意力追着一个物体移动的能力。如果视觉追踪能力比较差，孩子就很难正常地阅读，因为阅读需要眼睛跟着文字走，这就是一个追踪的过程。如果孩子的视觉追踪能力比较差，他的视觉就不太能够协调地跟着文字一行行往下走，有时候容易串行，有时候看着看着就不知道看到什么地方了，这会让孩子觉得特别疲劳。视觉追踪能力不足的孩子在运动方面可能很难完成类似抛球、接球的一些运动，因为这类运动也需要眼睛与手的协调性。视觉在跟随移动的球的时候，如果跟着跟着就把球跟丢了，也就无法完成接球的任务。抛球的时候也一样，本想抛到一个地方，因为很难通过视觉评估远距离需要怎样的力度与角度，最后球就抛不到预期的地方。

如何提升视觉追踪能力呢？

方法一：画虚线（答案见附 2，下同）

1. 将图卡给孩子。

2. 告诉孩子这是用虚线画的一个动物的轮廓，请孩子确定虚线的起止点。

3. 当孩子确定虚线的起止点后，给孩子一支铅笔，让孩子从起点开始，用铅笔沿虚线描画，一直描画到终点。

方法二：走迷宫

1. 将图卡展示给孩子，让孩子仔细观察 30 秒。

2. 让孩子用眼睛找出一条从迷宫入口到出口的路线，然后用彩笔将这条路线描画出来。

方法三：数字连线

1. 将图卡呈现给孩子，让孩子仔细观察。

2. 告诉孩子图卡上有一些散落的数字，并让他找出最大的数字和最小的数字。

3. 给孩子一支铅笔，让孩子按从小到大的顺序将所有的数字连接起来。

提升视觉追踪能力也可以采用互相投球、接球，扔飞镖，扔沙包等方式进行训练，这些活动都可以很好地协助儿童视觉注意力的发展。

看过就忘记，视觉记忆能力出现问题

视觉记忆能力是对于眼睛看到的东西能够记住的能力，如果一个人的视觉记忆能力很差，他就很难记住生字，背课文就会困难，背英文也困难，还很难将整个句子背下来进行书写。通常我们抄写东西的时候，会先看一眼这句话，然后在本子上写下来，但是视觉记忆力差的孩子就需要看一个字写一个字，他的抄写速度会比较慢，这也会无形中影响孩子的学习效率。

如何提升视觉记忆能力呢？

方法一：图片记忆

将图卡放在桌子上，让孩子仔细观察 30 秒，然后遮住图卡，让孩子复述图卡上出现的动物。

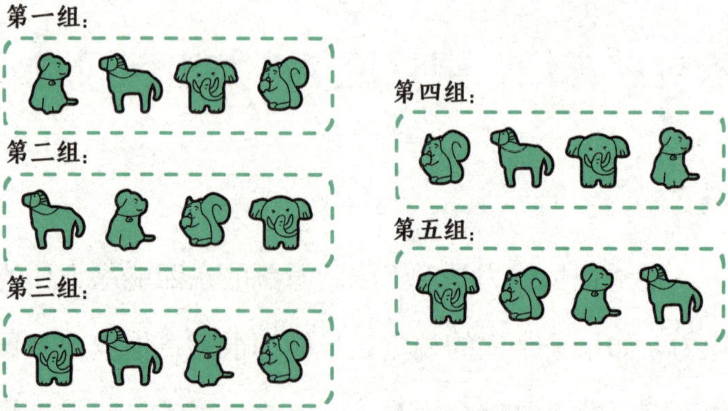

方法二：闪卡记忆法

将 4 张（或 4 张以上）图片一张张快速地呈现给孩子。图片的数量可根据孩子的能力来确定，先从少量开始，当孩子能够快速达到要求后，再逐渐增加数量。

具体训练方法如下：家长按照顺序一张张呈现

图片，呈现完一张后，就把它翻过来放在桌子上，确保孩子不会再看到这张图片。全部呈现完后，请孩子按照顺序复述图片内容。图片上的内容可以根据孩子的兴趣任意选择，只要孩子认识即可，这样有助于增加趣味性。当然，我们也可以把它变成一个学习的过程，通过图片认识物体，然后再用“闪卡记忆法”训练视觉记忆能力。

方法三：舒尔特方格

舒尔特方格有3×3、4×4、5×5、6×6的不同形式，主要用来训练视觉注意力。其实舒尔特方格不仅可以训练视觉记忆能力，而且可以训练视觉的分辨及追踪能力，是一个比较综合的训练方法。

10	2	15	22	1
20	5	25	12	3
4	7	16	13	9
14	11	8	23	21
17	19	18	24	6

23	19	8	7	17
6	5	21	12	3
11	22	16	13	9
14	4	15	10	25
1	24	18	2	20

这种训练操作起来比较简单，以5×5的舒尔特方格为例，请孩子从1数到25，家长记录孩子完成这项任务所花费的时间。每天更换不同组合的图卡来对儿童进行训练，记录使用时间。分析时间的变化，从中发现什么因素影响儿童的注意力，同时也鼓励孩子看到自己的进步。

我遇到过一个孩子，他本来速度在缓慢提升，突然有一天，整体速度都慢了下来。和孩子交流后发现，原来是昨天家里父母吵架，导致他的注意力明显下降。所以，家庭环境对于孩子注意力的影响是不可小瞧的。另外，有些听觉注意力特别敏感的孩子，如果头一天晚上睡眠不太好，第二天他在完成任务的过程中，外面的噪声也会对他的注意力产生影响。

学习立体几何有困难，留意视觉空间能力

视觉空间能力是关于空间中的上、下、左、右和前、后的能力。如果这种能力差，孩子在学立体几何的时候就会有很多困难。我们可能会发现孩子经常搞不清楚状况，不知道这道题怎么做，也想象不出空间里的排列，这就跟我们的视觉空间能力有关。

如何提升视觉空间能力呢?

一起来看看下面这几个用来提升视觉空间能力的游戏。先呈现左边这张图片让孩子观察，然后请孩子照着左边这张图片，在右边对应的位置画出相应的图形，这就要求孩子慢慢发展出一种空间对应能

力。当然还有其他类似的游戏，我们后续也会提供相关内容。

观察区

作业区

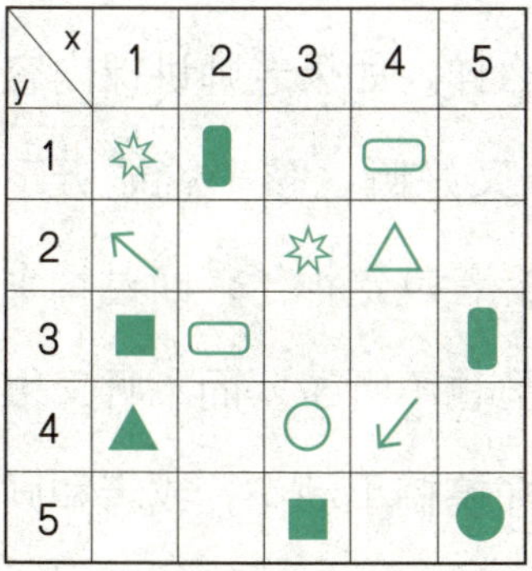

观察区

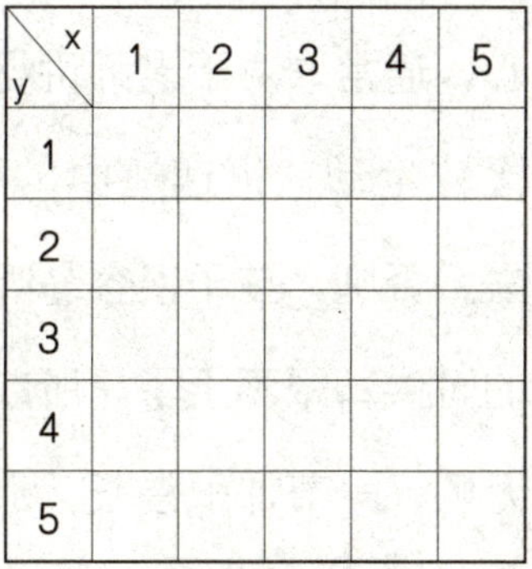

作业区

揭秘听觉注意力

听觉注意力弱的孩子可能会有什么表现呢?

首先是上课听不进老师讲的内容，这可能是孩子听觉注意力弱最常见的表现。这类孩子上课专不专心，通常取决于老师讲得怎么样。如果老师讲课内容比较生动，语速适中，声音又好听，孩子就能听下去。否则，孩子很容易听着听着就走神了，回过神来的时候却跟不上了，所以干脆也不听了。而不听又很无聊，一节课很漫长，那只好搞搞小动作，或者和同桌交头接耳，等等。所以很多时候孩子上课有这些表现，不一定是规则感的问题，可能是他实在憋不住了，因为听不明白又必须听，这实在令人很难受。

其次是交流有问题，记不住别人讲过的话。成人交流有个习惯，就是通常不是一句话一句话地交流，而是一大段一大段的复杂对话，因为成人思考的问题相对会复杂一些，一两句话讲不清楚。而成人在和儿童交流时，也会在不知不觉中把这种倾向带进去，比如，和孩子讲一大堆道理，给孩子分配任务的时候讲一连串的指令，这些都可能让孩子听漏一些内容。听觉注意力不好的孩子，经常会记不住别人说过的话，特别是老师、家长等成人讲的话。而孩子之间的交流相对比较简单，就不太会出现这种情况。

最后一种经常出现的情况是，看电视没有字幕就很难受。听觉注意力较弱的孩子，看电视的时候听台词也是有困难的。第一，如果某个声音他不太熟悉，就容易听不清楚在讲什么；第二，听的时间久了，就容易走神，尤其是一些形式为大段独白的纪录片，内容听起来比较枯燥，更容易走神。这时孩子就喜欢依赖字幕，如果没有字幕，就很难坚持看下去。

那么，如果听觉注意力不好，又一直缺乏干预，会给孩子造成什么影响呢？

第一是影响学习成绩。我们在前面已经分析过，在中小学阶段，听课还是占较大比重的，因为孩子自学的能力尚有欠缺，需要老师的讲解来辅助。但现场听课肯定是没有字幕的，这样一来，听觉注意力不好的孩子对知识的理解就会受到影响，进而影响孩子的学习成绩。

第二是通过讨论和交流的方式来学习会比较困难。现在的学习方式越来越多样化，尤其是在一些强调提高学生学习能力的学校中，可能会出现多种不同的学习方式，比如读书、小组讨论、小组辩论、演讲等方式。如果孩子的听觉注意力不够好，在讨论、辩论与演讲方面就会遇到比较大的困难。

第三是不太擅长需要与人交流的工作，包括采访、咨询、销售，以及日常的工作交流，等等。当我们步入社会参加工作之后，我们与他人交流的内容会变得越来越复杂，需要倾听大段的、比较抽象的内容，而且还经常需要和自己不熟悉的人来往。另外，这些人的普通话水平、语速、讲话习惯等千差万别，这样的情况对于听觉注意力不发达的人来说是非常不友好的。

第四是影响外语的听力。这也是家长们很关心的。如果孩子的听觉注意力轻微落后，那他在与人交流时可能表现得不是很明显。但如果涉及学习一门新的语言，情况就不同了，因为对于自己不熟悉的语言，需要集中精神去倾听、分辨，如果听觉注意力差，不擅长听，那自然也就不擅长说。这样的孩子学习到的外语，会更加偏向于所谓的“哑巴外语”。

听觉注意力可以细分为听觉集中能力、听觉分辨能力和听觉记忆能力，下面我们一起来看看。

听课爱走神，听觉集中能力出了问题

听觉集中能力是孩子将注意力集中在别人讲话内容上的能力。如果这种能力比较弱，孩子的听觉注意是涣散的，也就是所谓的“左耳进，右耳出”。他的确听到了你的声音，但是大脑没有处理这些信息，所以根本没听到或没听懂你在讲什么，只是把这些声音当成背景音乐。听觉集中能力弱的孩子，认真听别人说话的时间很短，只能听懂比较简单的话，一旦接收到的信息偏多、偏复杂，这些孩子就容易走神，这会极大地影响到他对信息的吸收。

如何提高听觉集中能力呢？最常见的方法是家长

给孩子讲故事，讲完以后家长就故事内容对孩子进行提问。比如，指定汉字或词语，让孩子数一数共出现过几次，并设置一些问题让孩子回答。

针对不同年龄的孩子，我们可以通过调整故事的长度、指定汉字或词语的个数增减难度。

总是听错老师的话，听觉分辨能力要培养

听觉分辨能力是关乎我们能否分辨不同的声音以及不同词语的不同发音。比如，通过声音分辨说话的人是男性还是女性，是孩子还是大人。听觉分辨力好的孩子甚至可以通过脚步声判断究竟是爸爸还是妈妈。这种能力还包括我们能够听出不同的词语，比如，失望与失败，虽然这两个词第一个字的发音是一致的，但是第二个字的音就需要我们去辨别。通过听觉和大脑的加工，我们也能够知道它们表达了不同的含义。如果孩子的听觉分辨能力差，在有噪声干扰的

情况下，或者听一些非常相似的内容时，他就不太容易识别出不同之处。听觉分辨能力差的孩子在行为上表现为总是听错别人讲的话，这会让家长、老师很生气，常常认为是孩子的态度不好。所以，当一个行为发生后，成人不要急着下结论，而是需要花一些时间去观察和了解孩子。

如何提高孩子的听觉分辨能力呢?

提高听觉分辨能力要求我们去选择一些相似的词组，或者相似的语言，让孩子仔细听，区分它们的不同。比如下面的练习：

听，找出两句话中不同的两对词组，然后把答案写出来（答案见附 2)。

南山的桃树，今年结的桃子特别多。

东山的桃树，今年结的桃子特别大。

酒店的洗手台，光亮得好像水晶。

酒店的洗手台，光亮得好像玻璃。

看冬奥会，运动员们滑得那么精彩，真过瘾。

看冬奥会，运动员们滑得那么漂亮，真痛快。

针对不同年龄的孩子，我们可以通过调整句子的长度、词语的个数增减难度。

背诵单词有困难，要发展听觉记忆能力

听觉记忆能力是记住自己听过的内容的能力。这种能力对于学业和人际交往都会有影响。在学业上，因为中小学的授课都是以老师讲课为主，几乎全都是听觉信息，如果听过的话记不住，那就会错过很多知识；在人际交往中，听觉记忆力差会影响与别人的合作，比如，妈妈拜托孩子下楼买几样东西，转达几句话给爸爸，执行的时候孩子可能会忘记一部分，又或者跟小伙伴做了一些承诺，转头就不记得了。

另外，背诵有困难的孩子，听觉记忆能力也可能需要提高。

如何提高听觉记忆能力?

让孩子认真专注地听家长读句子，句子的特点是不断地延长，家长读一句，孩子跟着读一句。举个例子：

妈妈买了白菜。

妈妈买了白菜和土豆。

妈妈买了白菜、土豆和鲤鱼。

妈妈买了白菜、土豆、鲤鱼和排骨。

妈妈买了白菜、土豆、鲤鱼、排骨和苹果。

妈妈买了白菜、土豆、鲤鱼、排骨、苹果和西瓜。

其实，生活中有很多小游戏可以帮助孩子提高听觉记忆力。

1. 请孩子重复妈妈刚才讲的话。

2. 传话游戏。大家围成圈，或者排成一列，第一个人想一句话，悄悄地讲给第二个人听，然后这样一个个地传下去，听听最后一个人会讲什么，是否与第一个人说的话相符。这是一个非常有趣的游戏，孩子们都很喜欢。

3. 词语接龙。这个游戏不仅训练了听觉记忆力，还可以增加孩子的词汇量。

4. 正话反说。这个游戏可以从两个字的词组开始，比如家长说“开始”，孩子就要把这两个字倒过来，说“始开”；逐渐增加至三个字的词组，比如家长说“孙悟空”，孩子说“空悟孙”；然后到四个字的成语，甚至一句话，慢慢提升难度。

5. 听数字，找到指定的组合。如：家长报数字“1356985632”，请孩子指出一共有几个“56”。

游戏可以参考上述内容，也可以根据孩子的情况进行改编，重要的是，家长要在游戏的过程中多与孩子互动，不要计较孩子的对错。另外，在游戏的过程中，家长不要总是表现得比孩子强，要适当作出让步，让孩子体会到成就感。

上课爱搞小动作，留意孩子的动觉注意力

除了前面提到的视觉注意力与听觉注意力外，还有一种注意力叫动觉注意力。有时候，我们需要通过身体的运动来感知外界的信息，比如，当我们做手工的时候，我们需要运用手的触觉和视觉来确认做的东西是不是达到了自己想要的效果。有时候，我们也需要用身体的移动来感受空间位置，确认我们的身体处在怎样的状态，比如，做前滚翻的动作时，需要用身体来感受动作的方位，以确保翻过去的方向是对的。这些都与动觉的感受性和注意力有关。

动觉注意力是很多人容易忽略的一个点，因为大家对于注意力的期待都集中在好好学习上，自然对视觉和听觉的要求会比较高。但是动觉注意力同样重要：一方面，体育成绩越来越受重视；另一方面，全面发展也是教育的基本宗旨。动觉注意力与孩子对身体的应用有很大关系，如何利用身体感觉收集信息，如何控制及运用自己的身体完成不同的动作，都需要出色的动觉注意力。

1. 动觉注意力弱的表现

首先是不擅长做手工。手工涉及复杂的精细动作，需要较强的手眼协调能力，以及运动感知能力，这就要求孩子做手工时专注、细致。如果孩子的动觉注意力弱，就可能导致他的手工操作出现偏差，比如，胶带贴歪了导致手工作品出现对称问题。这样做出来的手工就不如动觉注意力强的孩子做出来的精致。

其次是不擅长复杂的运动。比如篮球、羽毛球、乒乓球等球类运动，以及跳舞、武术等对身体动作有要求的运动。孩子如果动觉注意力不好，即使他的基础体能不错，也未必能取得比较好的成绩，因为许多运动都是技巧上的比拼，运动技巧同样需要较强的手眼协调能力。

2. 动觉注意力不好对孩子的影响

首先，难以养成运动的习惯，导致身体素质一般。靠自律来维持的运动是很不稳定的，真正能坚持运动的人，都是因为小时候养成了某项运动的爱好，比如羽毛球、乒乓球，他能从运动中得到乐趣，自然愿意坚持下去，这样的人心态和体质都会比较好。而养成爱好的前提是，他能从这项运动中体验到成就感，如果缺乏动觉注意力，是比较难做到的。

其次，影响孩子的行为习惯。如果孩子只擅长听和看，但是不擅长运动，他会更加乐意通过阅读和交谈获取信息，而并不喜欢参与活动，这样可能会让孩子形成重理论而轻实践的习惯，不喜欢把自己学习到的东西运用到实践中。

动觉的输出有时依赖视觉与听觉的输入，所以在注意力训练当中，动觉注意力的训练通常会结合视觉或者听觉一起进行。

3. 如何提高动觉注意力

下面给大家介绍几款动觉注意力训练的小游戏。

（1）照镜子游戏

这其实是一个身体模仿游戏。孩子与家长把对方视为镜子。开始可以让孩子充当镜子，家长做什么动作，孩子（镜子）就做什么动作。孩子需要认真看，同时调动自己的身体模仿家长的动作。

（2）木头人

这个游戏锻炼的是儿童对身体的控制能力。游戏的规则是：当有人喊“木头人”时，所有的人都保持当下的身体姿势不变，直到喊“解封”，所有人才可以继续行动。一开始，停留的时间可以是 5 ~ 10 秒，后面可以根据孩子控制身体的能力调整时间。

（3）萝卜蹲

给家庭中的每个人冠以不同的名字，比如红萝卜、黄萝卜、绿萝卜、白萝卜等，随机指定一个人开始蹲，同时说：“黄萝卜蹲，黄萝卜蹲，黄萝卜蹲完白萝卜蹲。”此时，“黄萝卜”用手指向“白萝卜”。如果“黄萝卜”手指的与口中说的不同，则“黄萝卜”被淘汰。如此循环，直到场上留下最后一名为获胜者。

（4）画背游戏

一个人在另一个人的背后写字或者画画，请前面的那个人讲出写的是什么，或者画的是什么。

（5）托棉花游戏

找一些棉花，在每个人的肩上放一小团，播放一段音乐。音乐起，大家在房间里随意走动，但要注意不要让肩膀上的棉花掉下来。等音乐停止的时候，看看谁的肩膀上还有棉花。

这些游戏都是通过大脑发出指令，协调我们的身体完成任务，以训练我们对身体动作的关注。类似的游戏有很多，家长可以多找一些与孩子玩。

家庭是儿童成长的第一个场所，也是非常重要的场所，父母的陪伴、有趣好玩的游戏都会促进孩子注意力与心智的发展。重要的是，家长要耐心地陪伴孩子做这些事情，要用放松的状态和孩子一起享受这个过程。相信这种陪伴，不仅可以帮助孩子发展注意力，也会为孩子留下很多童年的美好记忆。这种美好的记忆将是孩子一生的财富。

本章总结

这一章主要介绍了三种不同的注意力方式：视觉注意力较弱的儿童可能在阅读和写作业上出现困难，听觉注意力较弱的儿童则会出现听课不专心、记不住别人说话的情况，而动觉注意力较弱则会影响孩子精细动作和运动能力上的表现。我们还分析了缺乏这些能力可能造成什么影响，同时给大家提供了一些可行的方法来协助儿童发展各方面的注意力水平。

4

第四章

让注意力训练变得更高效

通过前三章内容的介绍，我们知道孩子需要发展的注意力类型和可以进行的注意力训练，那在家如何开展注意力训练呢？

接纳、平等的态度，让训练事半功倍

在家开展注意力训练，家长承担的是“训练者”的角色，主要“工作”内容为邀请、组织孩子进行注意力训练。孩子为“受训者”，需要在家长的引导下进行注意力训练。在整个注意力训练过程中，家长应保持接纳、平等的态度，这样才能让注意力训练事半功倍。

1. 接纳：接纳孩子现有水平

接纳孩子现有水平，意味着家长在了解孩子注意力状态的情况下对此表示理解，知道孩子确实有很多地方是有待发展的。例如，在日常生活中，孩子可能会动来动去，没法一直坐得端正。那么，在开始进行注意力训练之前，家长可以给自己做一个心理建设，告诉自己：我知道我家孩子的注意力有待发展，我通过学习尝试协助他，我会和他一起完成注意力训练，保持耐心，静待花开。

在训练过程中，父母千万不能对孩子的表现有过高的期待，不能对孩子有严苛的要求，比如，孩子在训练时没有达到某个目标，就批评他或者对他进行惩罚。因为要想注意力训练获得良好的效果，需要孩子满足三个条件：第一个条件是孩子的兴趣状态，第二个条件是平稳的情绪，第三个条件是不受外界干扰的环境。如果孩子在训练时总觉得旁边有一个严厉的批评者，他就会紧张，担心受到惩罚，这就无法满足上述三个条件。这种训练对孩子注意力的发展没有任何帮助，甚至会有弊端。

练一练：

下面的话语中哪些是展现“接纳”的表达？请圈出来。

1. 隔壁家的小明早就学会游泳了，你怎么学不会呢？

2. 你怎么注意力集中得这么慢！平常玩游戏玩傻了吧。

3. “迷宫”做不出来没关系，爸爸知道你尽力了。

4. 你今天“顶纸杯”要是坚持不了20分钟，晚饭你就别想吃了。

5. 这道题确实有点难，妈妈跟你一起看一下好吗？

6. 你别动来动去的，再动一下我就打你。

7. 你今天听写生字有进步哦，你看，你是可以的。

8. 我知道你今天有些累了，我们坚持一下，把最后一个训练做完好吗？

9. 笨蛋，气死我了！你怎么就学不会呢，几天一点长进都没有。

10. 慢慢来，不要着急，我们一个动作一个动作地练习，跟着妈妈一起练。

答案：3、5、7、8、10。

2. 平等：家长是孩子最好的玩伴

在家进行注意力训练时，家长还需要注意：我们不是发布任务的老师，千万不要把注意力训练变成一项必须完成的严苛任务，而应把它变成一个有趣的亲子互动游戏。家长和孩子是平等的玩伴，这样注意力训练才能得以坚持，获得更好的效果。平等的态度主要体现在以下三点。

第一，目光平视。家长的目光尽量和孩子平视，可以在小凳子上面对面坐着，或蹲下、弯腰等。

第二，语言平等。多用“请你……”“我们……”而不是“你要……”“你必须……否则……”。比如，邀请孩子进行注意力训练时，我们可以说：“今天，我们一起来玩几个（注意力）游戏吧。”

第三，角色可以互换。如同游戏一般，“训练者”和“受训者”的角色是可以互换的。当孩子熟悉规则之后，可以请孩子担任“训练者”的角色，而家长成为“受训者”。

练一练：

请将下面“不平等”的语言表达转化为“平等”的语言表达。

不平等的语言表达	平等的语言表达
你今天要是不做完“舒尔特方格”练习，晚上就不要看电视了！	示例：来，爸爸和你一起挑战“舒尔特方格”，我们想想办法完成它。
这个动作不是这样做的！我是你妈，你要听我的。	

续表

不平等的语言表达	平等的语言表达
这么简单的“找数字”都不会做，罚你再多做几套，这样总该会了吧！	
你的后背不能靠着墙，成天想着偷懒！再靠的话我们就重新计时。	
这道题你怎么做得这么快，是不是不认真，再重做一遍！	
你别扭来扭去的，不然我叫爸爸揍你。	
纠错题正确率这么低，你怎么这么没用！	
你给我用点心吧，天天训练慢得像蜗牛一样，太丢脸了。	
你“连线”必须全对，否则你怎么对得起我付出的时间和金钱。	
你“分豆子”速度要快，不然来不及做其他训练了。	

参考答案

不平等的语言表达	平等的语言表达
这个动作不是这样做的！我是你妈，你要听我的。	我们一起来看看这个动作，是不是有点难，妈妈先做个示范。
这么简单的“找数字”都不会做，罚你再多做几套，这样总该会了吧！	“找数字”或许对你来说有点难，我们看看要不要再试试。
你的后背不能靠着墙，成天想着偷懒！再靠的话我们就重新计时。	注意了，后背要靠墙。
这道题你怎么做得这么快，是不是不认真，再重做一遍！	你这道题做得比平时快，能分享一下是怎么做的吗？
你别扭来扭去的，不然我叫爸爸揍你。	像树苗一样站直哟！像妈妈这样。（示范）
纠错题正确率这么低，你怎么这么没用！	纠错题错了4道，我们一起来看看原因。
你给我用点心吧，天天训练慢得像蜗牛一样，太丢脸了。	这次我们用了40分钟，下次我们尝试35分钟，看看能不能做完。
你“连线”必须全对，否则你怎么对得起我付出的时间和金钱。	这道“连线”的题目尽你最大努力做，妈妈/爸爸相信你！
你“分豆子”速度要快，不然来不及做其他训练了。	我们来挑战一下，看看把这些豆子分开最快可以用多长时间。准备好了吗？开始！

关注训练过程，让训练更有效

在家进行注意力训练时，家长可以根据孩子的年龄及注意力的发展情况，一天进行 10 ~ 35 分钟的训练，训练游戏可以设置 1 ~ 4 个。训练的完整过程为：准备材料；讲述规则，出示材料；观察孩子的练习情况；正向反馈。

第一步，准备材料。

同一个注意力训练游戏（活动）的训练方法是一样的，比如找不同，它的规则就是把不同的地方找出来。但是对于不同年龄段的孩子，他们所需要的训练材料是不一样的。怎么判断训练材料是否适合孩子呢？如果某个训练材料对孩子来说有点难，但是多花一点时间可以完成，那就是合适的训练材料。如果孩子刚刚接触注意力训练游戏，家长还不了解他的水平，应该怎么办呢？可以同时准备三个级别的材料。比如，关于舒尔特方格的练习，在准备材料的时候，家长可以准备三份：第一份是初等材料，3×3方格；第二份是4×4方格，相对比第一级难；第三份是5×5方格，较第二份难度又有所提升。这样可以根据孩子的实际情况方便转换难度。很多训练材料会显示适合的年龄，但是要注意，这只是参考，并不是不能调整，家长需要根据孩子的知识储备以及发展水平，去匹配这些相应的材料。

第二步，讲述规则，出示材料。

在准备好材料并邀请孩子坐下之后，家长开始讲述训练游戏的规则，即怎么玩，而后出示材料。要注意以下几点：

1. 语言简洁明了，指令清晰。特别是对于年龄小的孩子，家长不能一股脑儿地把所有游戏步骤告诉他并让他做。可以分条讲述，比如，可以这样说：“我们先做……，再做……。”

2. 用孩子的语言和孩子交流。说孩子听得懂的话，是非常关键的，比如，邀请年龄较小的孩子做深呼吸，我们可以说：“像吹气球一样，吸气的时候，肚子鼓起来，呼气时又瘪了下去。”而对于五六年级的孩子，如果家长对孩子说“我们一起来看魔法棒，变……”这种话语是不合适的，家长可以直接告诉他们规则。

3. 家长示范很重要。特别是年龄小的孩子，不能指望我们一说他就懂，要有示范，有时候可能需要全程示范。比如，可以这样说：“跟着妈妈做，把一只手放在肚子上，现在用鼻子慢慢吸气，用嘴慢慢呼气。你的肚子是一个气球，吸气的时候，肚子鼓起来，呼气时又瘪了下去。”

4. 关注孩子的反应。通过互动、目光接触等观察孩子的反应。家长在发出一个指令后，要停下来看一看孩子做得怎么样，有什么需要提醒和帮助，要保持互动、目光接触。

5. 出示材料。在做视觉注意力训练的时候，家长需要出示大量的图片和文字，如果训练的对象是年龄较小的孩子，家长在训练之初要对图片和文字有所指示，比如，当家长说“请你在左边的这张图中找一找”时，就要把手指到左边的图，并接着说“找到跟右边这张图不一样的地方”，再指一指右边的图，帮助孩子更好地定位。因为孩子的注意力需要发展，如果家长没有将训练的内容清晰地呈现出来，是不利于训练的。

第三步，观察孩子的练习情况。

在孩子拿到游戏材料之后，就可以开始练习了。家长要观察孩子练习的情况，比如，孩子觉得难或者做不出来，就给点提示或鼓励；孩子觉得太简单或太容易了，就需要调整难度。同时，家长应记录孩子的表现，要捕捉孩子的进步点、闪光点。

第四步，正向反馈。

当孩子做完练习的时候，家长可以根据对孩子的观察，把积极的方面反馈给孩子。具体可以参考以下句式：“我刚才看到你……但……，真棒！你可以说一说你是怎样做到的吗？”比如，在舒尔特方格的训练中，家长可以这样反馈：“我刚刚看到你在找完 3 再找 4 的时候一直找不到，这对你来说有点困难，但是你坚持了下来，最后把它找到了，真棒！你可以说一说你是怎样做到的吗？”孩子可能会说：“我做了一下深呼吸。”家长此时就可以帮助孩子提炼经验：“原来坚持不下去的时候，可以深呼吸，这样能让我们继续集中注意力。”

在做完正向反馈之后，家长还可以和孩子讨论训练过程中的难点，可以问问孩子：“刚刚有没有觉得哪一个游戏特别难呢？”“刚刚看你在这个地方有点卡住了，对吗？”当孩子说出他觉得比较难的地方时，家长可以和孩子讨论："这一部分确实不容易，我们一起来想想办法看看怎么解决，好不好？"当孩子说出解决方案要给予肯定。因为这是孩子自己思考出来的方案，可以鼓励他试一试。如果孩子实在想不出解决方案，家长可以给出建议，比如，告诉孩子："做舒尔特方格如果找不到下一个数字，可以先横着看一下，再竖着看一下。"正向反馈的要求是家长对训练材料很熟悉，所以当家长拿到训练材料时，可以自己先练习一遍。

练一练：

请根据下面的案例，尝试做出正向反馈。

瑶瑶是个7岁的小女孩，今天是她进行注意力训练的第三天。前两天的训练难度对她来说比较适中，所以十分顺利地完成了，她也很期待之后的练习游戏。但是今天"镜像数字"的训练让瑶瑶十分为难，她很难辨认出镜像反转的数字。即使她放慢速度，盯着题目好久也无法作出判断，隐约间已经开始走神了。在休息片刻后，瑶瑶似乎有了新的办法，她用笔在数字旁边画了一面镜子，一个一个地写出镜像后的数字，然后再对比，最后终于成功完成了训练。

妈妈看到了瑶瑶的表现，说：1．“__________。”（发现难点）

瑶瑶说：“是的，我不能直接看出镜像的数字，就跟它大眼瞪小眼。”

妈妈说：2．“________________________。”（理解孩子的难处，鼓励闪光点）

妈妈说：3．“________________________。”（让孩子重温解决问题的过程）

瑶瑶说：“我当时太想放弃了，就闭眼休息了一会儿，这时我突然想到刚刚有面镜子的时候，我可以看到正确的数字是什么，于是我就画了面镜子……”

妈妈说：4．“__________。”（帮助孩子提炼经验）

参考答案：

1．“瑶瑶，我刚刚看到你在反转数字的时候遇到了困难，是吗？”

2．“这一部分确实不容易，但是你后来自己想到了办法，没有轻易放弃，你真棒！”

3．“你可以跟妈妈分享一下你是怎么做到的吗？”

4．“原来是这样，你闭眼休息一会儿可以帮助你清除外界的干扰，集中注意力，回想之前的一些经验。”

巧用代币法，为训练添砖加瓦

对于孩子在训练过程中取得的进步，家长可以使用一些“代币”进行量化和可视化，让孩子直观地看到自己的进步，鼓励孩子坚持训练。这个方法对低年龄孩子效果最为显著。

“代币”指真正奖励物的暂时代替物。当孩子有值得鼓励的行为时，家长给予一个或一些代币。代币可以是实际的物件，如小五星，也可以采用打点或记分的方式暂时代替。通过这些“代替物”的积累，最后换取孩子真正喜欢的实物奖励。

“代币”通常要注意这样几点：安全，如不要用尖利的东西；控制数量，不能随意发放；耐用，免得经常更换；易收藏，不要太大；便宜，最好是自己制作的小物品；非孩子喜爱之物，因为这不是真正的奖品。

代币法的注意事项：代币法具体实施规则可以根据孩子不同时期的不同要求灵活调整，但要与孩子一起制定规则，毕竟最后的行为实施者是孩子本人。刚开始时要设定几个较简单的行为目标以激发孩子的主动性，以利于孩子获得代币，进而为了目标奖励物去努力。如果行为目标很难实现，孩子就会丧失尝试的兴趣。

另外，生活中规律性的活动、物质给予不可以成为奖励物，如吃饭、睡觉等。

代币法具体操作方法如下。

1. 父母需了解孩子的兴趣与愿望，比如，孩子最喜欢的东西、最想要的玩具、最想去的地方、最爱吃的食物……

2. 确定“代币”的表示方法，如打“√”，或者记“红五星”。

3. 确定达到目标时可以得到的“代币”数量，比如，今天半小时内完成注意力训练，奖励一颗红五星；今天训练的正确率比昨天高，奖励一颗红五星；今天的讨论可以自己总结集中注意力的方法，奖励一颗红五星。

4. 确定“代币”与奖励的兑换标准。刚开始的时候，可以将兑换标准尽可能地细化，比如将孩子可能赢得的最少“代币”的奖励考虑进去，而且要记得将物质奖励与精神奖励联系起来，比如，获得3颗红五星，可以奖励××；获得5颗红五星，可以奖励××；获得10颗红五星，可以奖励××。

5. 确定“代币”兑换的时间，比如每周五晚上。当然，刚开始的时候，可以两天兑换一次，以激发孩子的兴趣。

在执行过程中，特别要注意以下三点。

1. 不倒扣，只记录孩子积极的行为，不要因为孩子的某次消极行为而将以前的“代币”取消，比如，孩子周一做到了，而周二没有做到，千万不要将周一的成绩也一并取消。

2. 强调连续性。如果孩子能持续实现某个目标行为，可以加大奖励。因为连续性是形成习惯的基础，如果孩子为了得到“代币”与“奖励”而连续保持某个行为，三周后该行为将逐渐成为习惯。

3. 奖励来源的合理控制，减少有干扰性的盲目奖励，即在实施“代币”的过程中要家庭所有成员一致配合，使孩子得到奖励的来源尽可能唯一化，而不要出现“妈妈不给，爸爸（奶奶）给你”这样的矛盾情况。如果有人随意改变代币规则，可能使代币法无法顺利进行。

练一练：

和孩子一起讨论后填写下表吧！

时间	具体事项	获得的星星（或其他代币）

注意：5 颗星星可以换：

10 颗星星可以换：

……

本章总结

本章我们介绍了在家开展注意力训练的注意事项。首先，家长需要明晰自己和孩子在注意力训练游戏中的角色，以接纳、平等的态度对待训练，让练习事半功倍。接着从准备材料、讲述规则及出示材料、观察孩子的练习情况、正向反馈四个方面学习了完整的家庭注意力训练所需要的步骤。最后，我们认识了代币法，正确使用这个方法可以帮助量化和可视化孩子的进步，提高孩子训练的积极性。

5

第五章

儿童注意力家庭训练计划

在家可以开展哪些注意力训练活动呢？本章为大家提供了7天训练计划，家长可以根据自己的需求进行调整。

为训练做准备

为什么要在家庭中进行儿童注意力训练?

注意力的提升有两个途径：一个是直接教孩子提高注意力的技巧，通过反复强化训练使孩子内化该项技能；另一个是通过改变孩子生活的环境、任务的性质，以及家长教养孩子的方式，促进孩子注意力的发展。

本书介绍的儿童注意力家庭训练计划，将两种方式有效地融合在一起，秉承“家长是孩子最好的训练师”理念，提供7天不同的训练任务以及参考答案，帮助孩子不断发展注意力水平。

在跟孩子一起玩注意力游戏的过程中，家长需要了解以下几个关键点。

第一，看到孩子的特点。家长需要根据孩子的注意力发育特点设定目标。本书的适用年龄在 5 ~ 12 岁，同一个游戏需要家长为孩子选择适合的难度，而且不要跟其他孩子比较训练的成绩。

第二，循序渐进。如果孩子觉得某个游戏比较难，不要盲目地责怪孩子不专心、不上心，而应看看孩子的具体情况，并判断是否需要降低游戏难度。但要注意，不能把游戏变得太过容易，让孩子在难度适中的挑战中获得成功，会更有成就感，孩子也会更享受游戏训练的过程。

第三，持之以恒。7 天的短期游戏训练也许看不到明显的效果，但这不能说明陪孩子一起玩注意力游戏就是在“浪费时间”，此时更需要坚持和耐心。在日常生活中也可以时时留意，为孩子创造游戏情景，引导孩子进行训练。

爱玩是孩子的天性，游戏是儿童最好的学习方式，我们可以用孩子喜欢的形式和方法来训练注意力，把训练融入游戏中，融入日常生活中，这样的方式既轻松又高效。我相信，只要采取科学有效的方法进行培养和训练注意力，孩子一定会取得进步。

注意：本书的注意力家庭训练针对的是 5 ~ 12 岁（幼儿园大班，小学阶段）没有严重注意力缺陷的孩子。如果孩子的注意力有严重缺陷，需要去专业机构或医院进行治疗。以下训练内容家长可以在一天内找时间和孩子一起完成，不限定在哪个时间段完成，也可以将任务拆分，在不同的时间段分次完成。

了解训练方式

1. 家长可以翻书查阅每天的训练内容，并根据当天的内容准备材料。

2. 家长可以每天找时间和孩子一起完成训练任务。

3. 每天的训练内容有 4 个活动，所需时间大约半小时。家长可以根据具体情况灵活调整训练内容，如果空闲时间不够，可以适当删减活动。

4. 本书会给家长提供训练记录表（见每天练习的附件），每完成一个训练任务，家长记得在训练卡上写下孩子的训练情况。家长也可以和孩子一起制定专属记录表。

5. 当孩子熟悉规则之后，家长可以和孩子互换角色，邀请孩子担任“训练者”的角色。

DAY1 训练内容

物料准备：

1. 红豆、绿豆等各色豆子各 50 颗左右。

2. 碗或杯子若干。

3. 图卡（如下）、纸和彩色笔。

4. 下载一些舒缓、平静的音乐。

训练活动 1——意志集中训练：捡豆子

家长协助孩子进入训练状态。

训练材料：豆子、碗、杯子。

训练方法：

1. 将红豆、绿豆掺杂在一起，放进一个碗中。

2. 请孩子从碗中捡出30颗绿豆（或红豆）放入一个杯子。

3. 记录孩子所用的时间。

训练活动2——视觉追踪训练：连线

视觉注意力比较差的孩子阅读会比较困难，容易串行。这个练习可以训练孩子的视觉追踪能力与视觉分辨能力。

训练材料：如下所示的图卡。

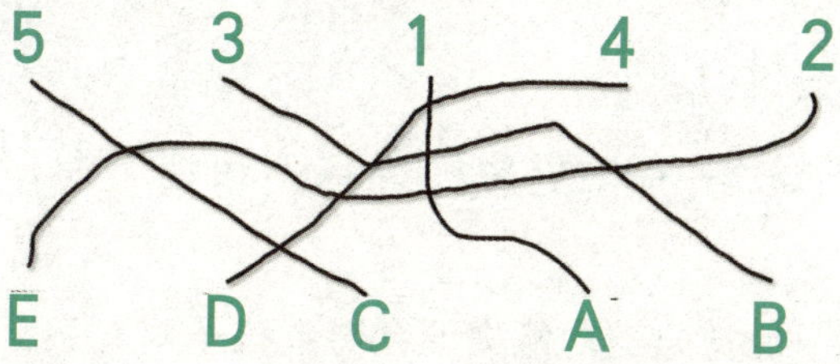

1（ ）2（ ）3（ ）4（ ）5（ ）

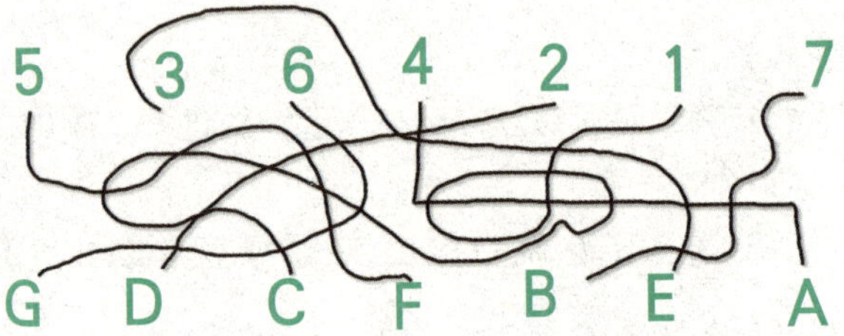

1 ( ) 2 ( ) 3 ( ) 4 ( ) 5 ( ) 6 ( ) 7 ( )

训练方法：

1. 将图卡展示给孩子看，让孩子仔细观察图卡上的所有字母和数字。

2. 让孩子根据字母与数字之间的连线找到对应关系，并将相应字母写在数字后面的括号内。

3. 在记录表上记录孩子所用的时间，并统计出正确率。

训练活动 3——视觉分辨训练：纠错

视觉分辨功能失调会导致孩子对文字、图

像难以准确地识别。这个练习可以训练孩子的视觉分辨能力和观察力，提升孩子的注意力与学习能力。

训练材料：如下所示的图卡。

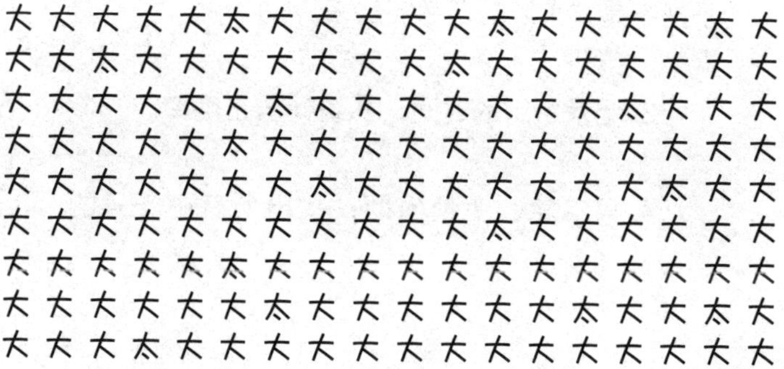

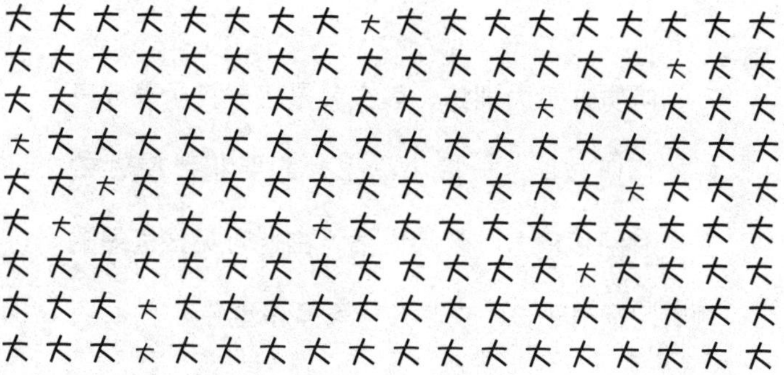

训练方法：

1. 将图卡展示给孩子看，让孩子仔细观察图卡上的汉字“大”。

2. 在这些汉字中有几个字不是“大”，请孩子把不是“大”的汉字圈出来。

3. 记录所用的时间，并统计出正确率。

4. 第二轮，变换问题：找出所有小一号的“大”字。

训练活动 4——听觉训练：听指令做动作

听觉注意力训练，其实就是培养孩子养成良好的倾听技能。一般小学生大约要花费 50% 的在校时间和精力听老师说话，由此可见，良好的倾听习惯对于孩子在学校学习有多重要。

训练方法：让孩子仔细听完每个动作指令后

（不能边听边做）迅速做出相应的动作。

指令一：左手捏鼻子，右手捏右耳。

指令二：右手捏鼻子，左手摸后脑。

指令三：蹲下，右手摸左脚。

指令四：左手摸额头，右手摸后脑。

指令五：向后转，举左手。

指令六：蹲下，双手揪耳朵。

指令七：左手摸额头，右手捏左耳。

指令八：蹲下，左手摸右脚。

指令九：向后转，左手摸左耳。

指令十：左手摸额头，蹲下。

记录所用的时间，并统计出正确率。

温馨提示：

建议家长根据孩子的实际情况灵活掌握，可以随时调整难易程度。例如，难度可以按照“每个指令包含一个动作——每个指令包含两个动作（允许边听边做）——每个指令包含两个动作（听完指令再做动作）”，逐级增加难度。

结束活动——静心音乐

播放舒缓、平静的音乐。

听着舒缓的音乐，愉快地结束第一天的练习，孩子可以安静地阅读、做作业，或者准备睡觉。

Day1 活动记录表

活动		用时（秒/分）	正确率（正确量/总题数）	具体表现（困难、进步、新的解决方法、专心程度等）
第1天	活动1 捡豆子			
	活动2 连线			
	活动3 纠错			
	活动4 听指令做动作			

恭喜你们完成了第一天的训练，并生成了Day1活动记录表。持续不断地训练，是提升注意力的必要方式，坚持下去，必有收获！

Day1 答案汇总

训练活动 2 答案：

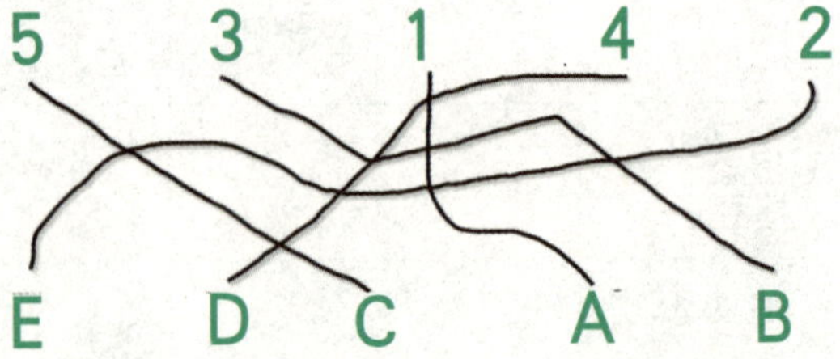

1 (A)　2 (E)　3 (B)　4 (D)　5 (C)

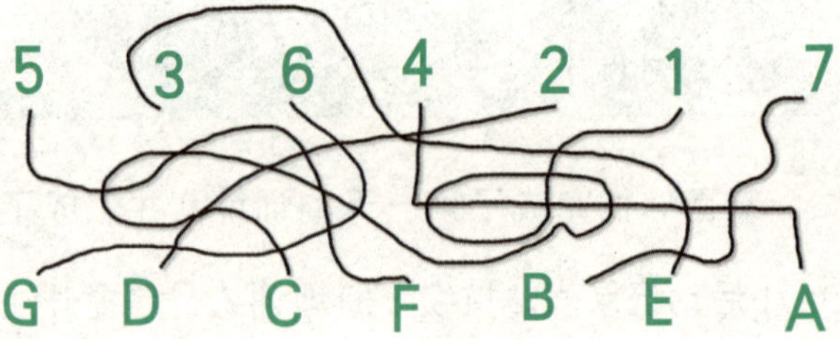

1 (C)　2 (D)　3 (E)　4 (A)　5 (F)　6 (G)　7 (B)

训练活动 3 答案：

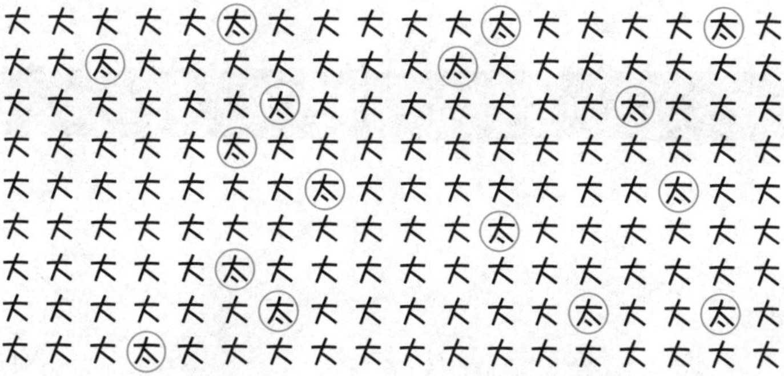

答案：16 个“太”

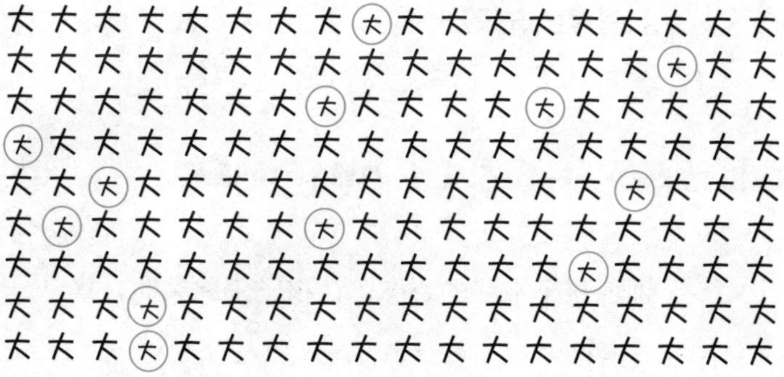

答案：12 个小一号的“大”

DAY2　训练内容

物料准备：

1. 一次性纸杯。

2. 图卡 / 纸和彩色笔。

3. 舒缓的音乐。

训练活动 1——意志集中训练：顶纸杯

训练孩子平和的心态，让孩子消除杂念，集中注意力！

训练材料：纸杯、舒缓的音乐。

训练方法：

1. 取两个小纸杯，父母和孩子一起端坐在课桌前。

2. 父母和孩子各自将小纸杯轻轻地放在自己头顶的中心位置（孩子如果做不了，请父母协助），播放一段舒缓的音乐，边听音乐边调整自己的呼吸，让全身放松。

3. 计时 2 分钟。如果中间纸杯掉在地上，重新开始。将纸杯掉下来的次数以及坚持的时间记录下来（可以经常玩这个游戏，看看是否可以打破之前的时间纪录）。

温馨提示：

家长可根据孩子的实际情况，灵活调整游戏难易程度。比如，年纪比较小的孩子，刚开始可以先挑战 1 分钟，逐渐延长时间。掌握得比较好的孩子，可以延长时间，或者提升游戏难度，边缓慢地走动（走动时要睁眼）边保持平衡。

训练游戏 2——视觉注意训练：数字连线

训练材料：一张纸、一支笔。

训练方法：

1. 家长在准备好的纸上随机写下一组孩子认识的数字，如 1，5，9，3，7 等。确保数字之间有一定的距离（两个数字不要相邻），可以准备 3 ~ 4 组；

3. 让孩子用笔将这些数字按照指定的顺序（如从小到大）用线连接起来，形成一个连线图案。

4. 孩子需要全神贯注地观察，按照正确的顺序连接相应的数字。

5. 记录下所用的时间和正确率。

温馨提示：

1. 难度可以根据孩子的能力调整，可以增加数字的数量或者增加数字之间的距离。

2. 可以设定目标时间，看孩子能够在多长时间内完成连线图案。还可以逐渐减少完成的时间，增加游戏难度。

训练活动 3——听觉注意训练：正听反说

儿童听觉能力直接关系着孩子的学习能力和听课水平，这个训练可以锻炼孩子的听觉集中能力和听觉分辨能力，提升孩子对声音信息的筛选能力和注意力水平。

训练材料：如下所示的图卡。

第一组	193	528	311	421	152
第二组	820	673	834	573	274
第三组	619	452	246	342	890
第四组	539	635	799	426	757
第五组	526	564	768	098	795

训练方法：

1. 训练共分为 5 组，每组有 5 个三位数，家长读，让孩子听到数字后迅速反说听到的数字，比如，家长说 193，孩子听后迅速说出 391。注意，不要让孩子看着念。

2. 读完第一组中的 5 个三位数之后，间隔几十秒之后再进行下一组训练。

3. 记录所用的时间，并统计出正确率。

训练活动 4——听觉记忆训练：复述句子

孩子总把听到的话当耳边风，听过就忘，似乎是在认真听，可是一问三不知，这些都是听觉记忆力较弱的表现。复述句子这项训练可以提升孩子的听觉广度和听觉记忆能力，有效增强孩子的语言复述能力和听说能力。

训练材料：长短不一的句子，句子内容如下。

风，吹过大地。

春天，大地穿上绿装。

夏天，池塘里的荷花都开了。

秋天，学校门口树上的叶子掉了。

冬天，孩子们在雪地里开心地扔雪球、打雪仗。

训练方法：

1. 训练一共有 5 个句子，由家长逐句朗读，要求孩子在听到后复述所听到的句子。每个句子长度不一，逐渐增加难度。

2. 记录所用的时间，并统计出正确率。

结束活动——静心音乐

播放舒缓、平静的音乐。

听着舒缓的音乐，愉快地结束第二天的练习，孩子可以安静地阅读、做作业，或者准备睡觉。

Day2　活动记录表

活动		用时（秒/分）	正确率（正确量/总题数）	具体表现（困难、进步、新的解决方法、专心程度等）
第2天	活动1 顶纸杯			
	活动2 数字连线			
	活动3 正听反说			
	活动4 复述句子			

恭喜你们完成了第二天的训练，并生成了Day2活动记录表。持续不断地训练，是提升注意力的必要方式，坚持下去，必有收获！

DAY3　训练内容

物料准备：

1. 乒乓球拍、乒乓球。

2. 图卡（空白图卡）/纸和彩色笔。

3. 舒缓的音乐。

训练活动1——意志集中训练：托球

这个训练可以锻炼孩子的手眼协调能力，是提升孩子注意力的好方法。在训练的过程中还可以使孩子的观察力、精细动作等能力得到锻炼。

训练材料：乒乓球和球拍。

训练方法：

1. 孩子立正，两手放于两侧，腰背挺直，全身肌肉放松；闭目，将呼吸调整均匀，并逐渐把呼吸速度减慢。

2. 孩子睁开眼，将乒乓球拍托起，家长在乒乓球拍上放一个乒乓球，可放一段舒缓的音乐，持续托球 1 ~ 3 分钟。

3. 将在 3 分钟内乒乓球掉下来的次数以及坚持的时间记录在训练报告中。

温馨提示：

家长可根据孩子的实际情况，灵活调整游戏

难易程度。比如，年纪比较小的孩子，刚开始可以先托球 1 分钟，逐渐延长时间；掌握得比较好的孩子，可以边托球边缓慢地走动。

训练活动 2——视觉空间训练：图形平移

这个训练可以增强孩子的视觉集中能力和视觉记忆能力。

训练材料：如下所示的图卡，以及两张空的图卡。

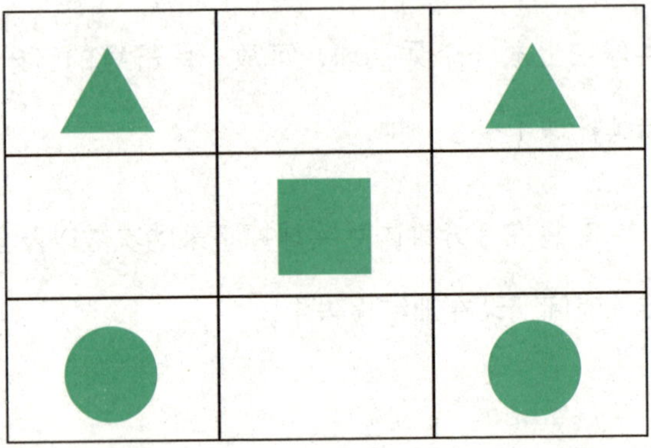

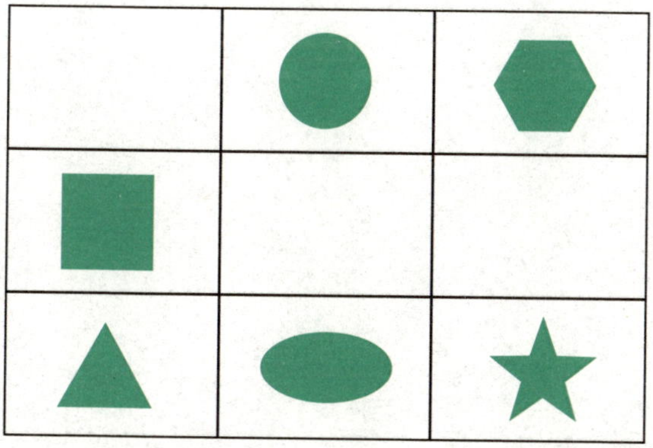

训练方法：

1. 将图卡展示给孩子看，让孩子仔细观察图卡上的图形以及图形所在的位置，然后记忆30秒。

2. 家长将图卡遮住，让孩子在另一张空的图卡相对应的位置上画出对应的图形。

3. 记录所用的时间，并统计出正确率。

温馨提示：

第一次训练的时候可以让孩子只记住图形的形状，然后画在对应的位置上。如果孩子能够很好地完成，可以让孩子把颜色也记住，然后在对应的位置上画出图形及其颜色。

训练活动3——视觉观察训练：隐蔽图

这个训练可以锻炼孩子的视觉集中能力和视觉分辨能力，提升孩子的注意力。

训练材料：如下所示的图卡。

目标图

训练方法：

1. 将图卡展示给孩子看，让孩子仔细观察图卡右边方框里给出的目标图。

2. 让孩子观察图卡左边的所有图形，将含有目标图的部分用红色的笔画出来。

3. 将所用的时间以及正确率记录在活动记录表中。

训练活动 4——听觉记忆训练：你说我写

这项训练可以提升孩子的听觉广度和听觉记忆能力，有效地增强记笔记的能力。

训练方法：

1. 训练共有 4 组数列（家长可以根据孩子的情况先从入门版开始，进展顺利再进入进阶版），由家长读数列，孩子根据记忆把听到的数列写在纸上。注意要听完一组数列再写，不能家长边读，孩子边写。写完第一组数列之后，间隔 30 秒再进行下一组训练。如果孩子还不会写字，可以让孩子听完念出来。

2. 听写数列内容如下。

入门版：

第一组数列：310　267

第二组数列：345　481

（如果孩子都能顺利完成，可以适当增加难度）

第三组数列：2585　893

第四组数列：3470　638

进阶版：

第一组数列：965　301　578

第二组数列：763　328　794

（如果孩子都能顺利完成，可以适当增加难度）

第三组数列：835　164　602　98

第四组数列：608　257　763　13

3. 将所用的时间以及正确率记录在活动记录中。

温馨提示：

如果孩子不能完全记住听到的数列，比如，家长读第一组数列中的全部数列（965 301 578），孩子记不住，家长可以降低难度，先读 2 列数字（965 301），孩子能够写下 2 列数字后，再慢慢增加难度。

结束活动——静心音乐

播放舒缓、平静的音乐。

听着舒缓的音乐，愉快地结束第三天的练习，孩子可以安静地阅读、做作业，或者准备睡觉。

Day3 活动记录表

活动		用时（秒/分）	正确率（正确量/总题数）	具体表现（困难、进步、新的解决方法、专心程度等）
第3天	活动1 托球			
	活动2 图形平移			
	活动3 隐蔽图			
	活动4 你说我写			

恭喜你们完成了第三天的训练，并生成了Day3 活动记录表。持续不断地训练，是提升注意力的必要方式，坚持下去，必有收获。

Day3 答案汇总

训练活动 3 答案（图形方向也需要一样）：

答案： 共 23 个。

DAY4　训练内容

物料准备：

1. 图卡 / 纸和彩色笔。

2. 舒缓的音乐。

训练活动 1——意志集中训练：树式平衡训练

这个训练可以缓解压力、增强平衡感，使身心得到放松。

训练方法：

1. 让孩子靠墙站立，保持安静。眼睛寻找齐眉高一点的位置并把注意力集中在那里。

2. 把一只脚从地面上抬起，让脚掌紧贴另一条腿的大腿内侧。

3. 如果孩子感觉可以稳固地站在墙边不摇晃，可以让孩子慢慢地把手移到胸前，双掌合十，同时进行深呼吸。20 秒钟换另一只脚，共换 5 次。

训练活动 2——视觉记忆训练：记忆闪卡

这个训练可以增强孩子的视觉记忆能力和视觉集中能力。

训练材料：如下所示的动物图卡。

训练方法：

1. 将动物图卡放在孩子面前，让他目不转睛地连续盯视 20 秒钟，尽量保持精神集中。

2. 家长将图卡收回，向孩子提问："图卡上有几种动物？分别是什么？"

3. 记录所用的时间，并统计出正确率。

训练活动 3——视觉追踪训练：寻找路线

这个训练可以锻炼孩子对细节的观察和捕捉能力，提高孩子的视觉追踪能力。

训练材料：如下所示的图卡、笔。

训练方法：

1. 将图卡展示给孩子看，先让孩子仔细观察图卡上方格阵列中数字和图形的信息，然后根据方格中的信息寻找到一条通往胜利旗帜的路线，并在图卡中画出来。

2. 路线要求：不可以走对角线，所经过的相邻两个格子必须有相同的数字或者相同的图形。

3. 记录所用的时间。

温馨提示：

这个游戏比较难，家长可以先做一遍。一定要仔细读路线要求哦！

训练活动 4——听觉分辨训练：听觉干扰

这项训练可以提升孩子的听觉分辨能力，使孩子对听觉信息做出有效的筛选和处理，提升孩子的听觉记忆能力和听觉注意水平。

训练方法：

1. 本次训练分为 5 组，每组训练题由词语和数字混合组成。家长读完每组训练题之后，请孩子快速说出一共听到了多少个“95”。

2. 训练内容：

第一组：绿豆 95 园艺师 95 恐龙 钢笔

95　直尺

第二组：95　袋鼠　向日葵　52　瓦匠　95

柳树　95

第三组：跨栏　篮球　95　水稻　95　茴香

95　山药

第四组：菊花　95　甘蓝　桌子　大蒜　95

面条　95

第五组：95　梅花　95　监狱　53　空调

手机　95

3. 记录所用的时间，并统计出正确率。

结束活动——静心音乐

播放舒缓、平静的音乐。

听着舒缓的音乐，愉快地结束第四天的练习，孩子可以安静地阅读、做作业，或者准备睡觉。

Day4 活动记录表

活动		用时（秒/分）	正确率（正确量/总题数）	具体表现（困难、进步、新的解决方法、专心程度等）
第4天	活动1 树式平衡训练			
	活动2 记忆闪卡			
	活动3 寻找路线			
	活动4 听觉干扰			

恭喜你们完成了第四天的训练，并生成了Day4 活动记录表。持续不断地训练，是提升注意力的必要方式，坚持下去，必有收获。

Day4 答案汇总

训练活动 3 答案：

（答案不唯一，鼓励孩子找到更多答案）

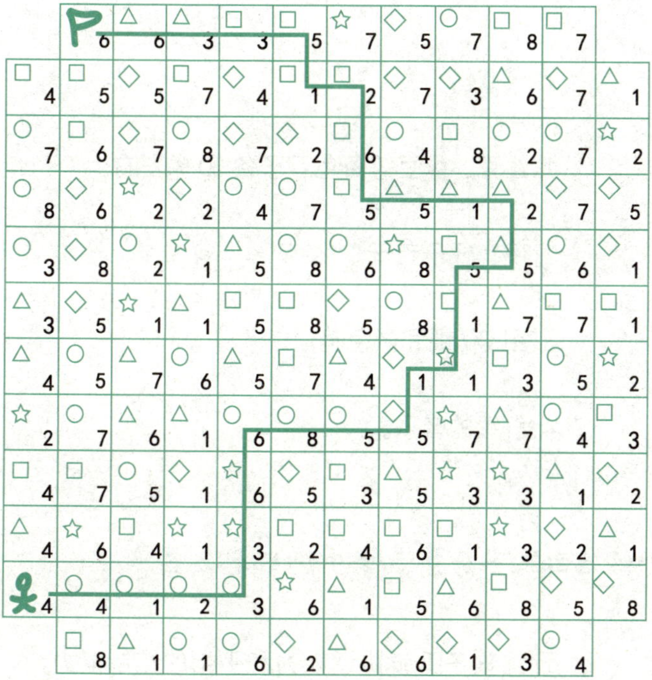

DAY5 训练内容

物料准备：

1. 红豆、绿豆等各色豆子各 50 颗左右。

2. 碗、杯子若干。

3. 图卡 / 纸和彩色笔。

4. 舒缓的音乐。

训练活动 1——意志集中训练：分豆子

训练孩子手眼协调能力和手指的控制能力，增强孩子的耐心与专注力。

训练材料：豆子、碗、杯子。

训练方法：

1. 将红豆和绿豆若干掺杂在一起（加入其他颜色的豆子也可以），放进一个碗中。

2. 让孩子把同一种颜色的豆子放在一个杯子中，比如红色的豆子放在一个杯子里，绿色的豆子放在另一个杯子里。

3. 记录孩子所用的时间。

训练活动 2——视觉分辨训练：划消

这个练习可以训练孩子的视觉专注能力、视觉分辨能力，以及视觉的稳定性，让孩子更加细心，更能准确地分辨细节部分。

训练材料：如下所示的图卡。

b	p	l	a	t	i	a	m	n	b	p	c	o	w	l
a	m	w	b	k	c	b	d	q	f	l	n	v	d	e
k	p	l	w	v	p	k	v	l	w	x	p	b	a	p
j	p	q	m	n	s	l	i	p	d	n	d	h	o	b
b	d	q	p	l	q	h	q	j	i	k	m	p	d	o
h	k	l	p	b	k	c	m	c	y	w	i	l	x	d
j	p	q	m	n	s	p	g	c	f	n	m	d	i	p
a	m	w	b	k	c	d	c	m	i	h	f	s	d	v
k	p	l	w	v	p	e	j	g	d	b	m	x	u	i

K	I	J	J	N	K	N	L	K	I	J	J	N	J	J
I	N	K	J	N	I	H	I	I	N	K	J	N	M	I
I	K	M	H	N	I	I	J	I	K	M	H	N	L	M
K	I	J	L	I	K	N	L	K	I	J	L	I	J	J
I	N	K	L	M	I	H	I	I	N	K	L	M	M	I
F	I	J	J	K	F	N	L	F	I	J	J	K	M	I
N	K	M	H	I	N	I	J	N	K	M	H	I	L	M
N	K	M	H	I	N	I	J	N	K	M	H	I	L	M
K	N	K	I	F	K	H	I	K	N	K	I	F	J	J
N	K	M	H	I	N	I	J	N	K	M	H	I	L	M
K	N	K	I	F	K	H	I	K	N	K	I	F	J	J
K	I	J	J	N	K	N	L	K	I	J	J	N	J	J

训练方法：

1. 将图卡展示给孩子看，让孩子仔细观察图卡上的所有字母。

2. 第一轮训练：让孩子把所有的字母“P”，用笔划掉。记录所用的时间，并统计出正确率。

3. 第二轮训练：把图中所有的“KIF”圈出来，记录圈错和漏圈的数量。

训练活动3——听觉注意训练：听词语做动作

儿童听觉能力直接关系着孩子的学习能力和听课水平，这个训练可以提升孩子对听觉信息的分辨能力与听动觉协调能力，使孩子能够对听觉信息快速地做出正确有效的反应。

训练方法：

1. 本次训练共分为5组，每组有8个词语，每组词语中都包含若干水果的名称，家长读孩子听，孩子听到水果的名称后拍一下手，比如，家长说“苹果”，孩子听到之后迅速拍一下手。家长在读的时候，每个词语间隔3秒钟左右。

2. 训练内容：

第一组：苹果　窗帘　旅游鞋　教师　大葱　短裤　甘蓝　香蕉

第二组：云吞　苹果　计算机　方便面　香蕉　电视机　园丁　草莓

第三组：椰子　苹果　打印机　柚子　厨师　笔记本电脑　学生　菜心

第四组：松树　推销员　苹果　教师　葡萄　海豚　香蕉　篮球

第五组：橙子　电视机　大象　西瓜　向日葵　尺子　足球　斑马

3. 记录所用的时间，并统计出正确率。

训练活动 4——听觉注意训练：听故事回答问题

这项训练可以提升孩子对听觉信息的理解与加工能力，使孩子能够快速理解、处理、整合听觉信息，整体提高孩子的听觉注意水平。

训练方法：

1. 本次训练由一个故事和 4 个问题组成，要求孩子先仔细听完整个故事（家长中间不要打断孩子），然后根据文字内容回答问题。

2. 家长读故事。

从前，有一只小熊宝宝，他和爸爸妈妈一起生活在森林里。

小熊宝宝最喜欢做的事情是和爸爸妈妈一起

玩游戏，而这些游戏中他最喜欢的就是“飞翔”游戏。

每次这个游戏开始时，熊爸爸会抱着小熊，把他向上举，小熊感觉自己好像瞬间变成了一只小鸟，然后和爸爸一起飞到床上、沙发上、花园里。

有一天，小熊想要一个人玩“飞翔”游戏，于是他爬到了椅子上，高喊道：“我要飞翔！”可是却飞不起来。

小熊爬到了床上，继续高喊：“我要飞翔！”可还是飞不起来。

熊爸爸进来了，看到了小熊的举动，他走过去对小熊说：“来吧，我来当你的翅膀！”

于是，熊爸爸抱起小熊，向上举高，小熊模仿鸟儿挥动着双臂，两个人就这样在屋子里“飞”了起来。小熊非常开心，他不停地拍打着双臂，想要让自己飞得更高、更远。

游戏结束后，小熊抱着爸爸说：“爸爸，你是我最好的翅膀，谢谢你，爸爸！”

3. 家长念完故事后，对孩子提出以下问题：

（1）小熊最喜欢玩的游戏是什么呢？

（2）小熊自己玩“飞翔”游戏的时候飞起来了吗？

（3）最后小熊是怎么“飞”起来的呢？

（4）小熊最后对爸爸说了什么呢？

4. 记录所用的时间，并统计出正确率。

结束活动——静心音乐

播放舒缓、平静的音乐。

听着舒缓的音乐，愉快地结束第五天的练习，孩子可以安静地阅读、做作业，或者准备睡觉。

Day5　活动记录表

活动		用时（秒/分）	正确率（正确量/总题数）	具体表现（困难、进步、新的解决方法、专心程度等）
第5天	活动1 分豆子			
	活动2 划消			
	活动3 听词语做动作			
	活动4 听故事回答问题			

恭喜你们完成了第五天的训练，并生成了Day5活动记录表。持续不断地训练，是提升注意力的必要方式，坚持下去，必有收获。

Day5 答案汇总

训练活动 2 答案：

b	p	l	a	t	i	a	m	n	b	p	c	o	w	l
a	m	w	b	k	c	b	d	q	f	l	n	v	d	e
k	p	l	w	v	p	k	v	l	w	x	p	b	a	p
j	p	q	m	n	s	l	i	p	d	n	d	h	o	b
b	d	q	p	l	q	h	q	j	i	k	m	p	d	o
h	k	l	p	b	k	c	m	c	y	w	i	l	x	d
j	p	q	m	n	s	p	g	c	f	n	m	d	i	p
a	m	w	b	k	c	d	c	m	i	h	f	s	d	v
k	p	l	w	v	p	e	j	g	d	b	m	x	u	i

答案：16 个 “p”

K	I	J	J	N	K	N	L	K	I	J	J	N	J	J
I	N	K	J	N	I	H	I	I	N	K	J	N	M	I
I	K	M	H	N	I	I	J	I	K	M	H	N	L	M
K	I	J	L	I	K	N	L	K	I	J	L	I	J	J
I	N	K	L	M	I	H	I	I	N	K	L	M	M	I
F	I	J	J	K	F	N	L	F	I	J	J	K	M	I
N	K	M	H	I	N	I	J	N	K	M	H	I	L	M
N	K	M	H	I	N	I	J	N	K	M	H	I	L	M
K	N	K	I	F	K	H	I	K	N	K	I	F	J	J
N	K	M	H	I	N	I	J	N	K	M	H	I	L	M
K	N	K	I	F	K	H	I	K	N	K	I	F	J	J
K	I	J	J	N	K	N	L	K	I	J	J	N	J	J

答案：7 个 “KIF”

训练活动 4 答案：

（1）飞翔游戏。

（2）没有。

（3）在爸爸的帮助下“飞”起来的。

（4）爸爸，你是我最好的翅膀，谢谢你，爸爸！

DAY6 训练内容

物料准备：

1. 乒乓球和球拍。

2. 图卡 / 纸和彩色笔。

3. 眼罩，5 个日常生活中的物品，如橡皮、钥匙、勺子等。

4. 舒缓的音乐。

训练活动 1——盲目触摸游戏

这个训练可以帮助孩子集中注意力、感知自己身体的感官反馈，增强孩子的触摸能力和感知能力。

训练材料：眼罩，5个日常生活中的物品，如橡皮、钥匙、勺子等。

训练方法：

1. 选择一个安静的地方，让孩子在一张桌面没有放置物品（无干扰）的桌子边坐下。

2. 准备一些日常生活中的物品，并且确保物品是孩子熟悉的，但不必全部是孩子的物品。

3. 让孩子戴上眼罩，家长随机选择一个物品放到他面前。

4. 让孩子用手触摸这个物品，先不要说出名称，集中注意力体会，然后描述这个物品的特点，比如大小、形状、质地等。

5. 每次触摸时间可以根据孩子的年龄和注意力水平适当延长。

6. 等孩子把所有物品都摸过后再请他说出触摸的物品的名称。

7. 记录孩子的正确率及所用时间。

温馨提示：

1. 为了孩子的安全，家长应选择孩子熟悉的、没有锋利边缘或危险的物品进行训练。

2. 游戏中应该让孩子放松，不要强求孩子在规定时间内完成任务，也不要强迫他去触摸某些物品。

3. 家长和教育者应该倾听孩子的感受和建议，在必要时做出适当的调整。

4. 关于盲目触摸游戏中物品个数的要求，可以根据孩子的年龄和注意力水平做出适当的调整。对于较小的孩子，建议选择数量较少、形状和质地各异的物品，以便其更好地区分和认知。对于年龄较大的孩子，可以逐渐增加物品的数量，帮助他们更好地锻炼注意力和感性认知能力。总之，在选择物品数量时，需要综合考虑孩子的能力和兴趣，以帮助孩子更好地从游戏中受益。

训练活动 2——视觉广度训练：舒尔特方格

视觉广度指我们通过视觉所观察到的范围，有的孩子只能捕捉到眼睛正前方很小范围内的视觉信息，而有的孩子不仅可以捕捉到眼睛正前方的信息，对眼睛双侧一定范围内的视觉信息也可以快速、准确地进行捕捉。训练孩子的视觉广度，可以提高孩子检索和筛选有效信息的能力，从而提高学习能力。

训练材料：如下图所示的舒尔特方格。

9	16	7	3
1	10	15	11
13	4	2	8
5	12	6	14

训练方法 1：

1. 将图卡放在桌子上，让孩子仔细观察 30 秒。家长让孩子按照从小到大的顺序点读数字 1 ~ 16。

2. 让孩子在 4×4 空白方格中按照数字 1 ~ 16 的顺序填写数字，数字位置要与舒尔特方格模板上的数字位置一一对应。

3. 记录所用的时间。

1	29	12	25	6	27
30	8	15	26	33	16
7	14	32	23	28	13
22	31	11	4	19	21
34	5	35	24	3	18
9	20	17	2	10	39

训练方法 2：

1. 将图卡放在桌子上，让孩子仔细观察 30 秒。家长让孩子按照从小到大的顺序点读数字 1 ~ 36。

2. 让孩子在6×6空白方格中按照数字 1 ~ 36 的顺序填写，数字位置要与舒尔特方格模板上的数字位置一一对应。

3. 记录所用的时间。

温馨提示：

舒尔特方格有3×3、4×4、5×5、6×6等

不同难度的游戏，本训练只提供了4×4和6×6，如果孩子做4×4存在困难，家长可以另外拿一张纸，自己设计一个4×4（或3×3）的表格，给孩子多做练习。

训练活动3——视觉分辨训练：计数

训练孩子视觉分辨能力和视觉广度，提升孩子的注意力。

训练材料：如下所示的图卡。

训练方法：

1. 将图卡放在桌子上，让孩子仔细观察30秒图卡上的所有图标。

2. 让孩子数出每种图标的个数。

3. 记录所用的时间，并统计出正确率。

训练活动4——听故事回答问题

孩子的听觉注意力是可以通过训练提升的，是小学阶段需要具备的一项技能。这项训练除了可以提升听觉注意力，还可以培养孩子养成边听边思考的习惯。

训练材料：纸、笔、一段故事。

训练方法：

1. 准备好纸和笔，让孩子边听故事边数出家长指定的汉字共有多少（可在故事中选出出现次数较多的几个汉字)。

2. 参考的故事内容如下。

鸟妈妈和她的孩子们

秋天来了，鸟妈妈带着她的6个孩子飞往南方。

他们飞过城市，看到灰色的高楼；

他们飞过村庄，看到黄色的麦田；

他们飞过河流，河流就像一匹白色的丝绸；

他们飞过高山，听到风吹着树梢沙沙的声响。

飞着飞着，鸟妈妈回头一看，突然发现有点不对劲，边数边说："咦，1，2，3，4，5，怎么少了一只小鸟？"

这只小鸟去哪里了呢？

鸟妈妈找呀找，

在灰色的高楼上吗？没有。

在金黄色的麦田里吗？没有。

在白丝绸般的河流边吗？也没有。

最后，鸟妈妈终于找到他了。

原来，他在高高的山里和风玩耍。

鸟妈妈继续带着她的孩子们飞往南方，

出发前鸟妈妈又数了一遍，1，2，3，4，5，6，嗯，6只小鸟，一只也不少。

3. 家长根据故事提问，孩子回答问题，并统计出正确率。

（1）故事发生在什么季节？

（2）高楼是什么颜色？

（3）河流像什么？

（4）鸟妈妈和她的孩子们飞过了哪些地方？

(5) 鸟妈妈有几个孩子？

结束活动——静心音乐

播放舒缓、平静的音乐。

听着舒缓的音乐，愉快地结束第六天的练习，孩子可以安静地阅读、做作业，或者准备睡觉。

Day6 活动记录表

活动		用时（秒/分）	正确率（正确量/总题数）	具体表现（困难、进步、新的解决方法、专心程度等）
第6天	活动1 盲目触摸游戏			
	活动2 舒尔特方格			
	活动3 计数			
	活动4 听故事回答问题			

恭喜你们完成了第六天的训练，并生成了Day6活动记录表。持续不断地训练，是提升注意力的必要方式，坚持下去，必有收获。

Day6 答案汇总

训练活动 3 答案：

训练活动 4 答案：

（1）秋天。

（2）灰色。

（3）白丝绸。

(4) 高楼，麦田，河流，高山。

(5) 6个。

DAY7　训练内容

物料准备：

1. 一次性纸杯 1～2 个，小玩具 1 个。

2. 图卡 / 纸和彩色笔。

3. 舒缓的音乐。

训练活动 1——感知五官

训练方法：

1. 让孩子坐在安静的地方，保持舒适的姿势。

2. 鼓励孩子闭上眼睛，专注于自己的五官感受。

3. 在每个步骤中，引导孩子将注意力集中在特定的感觉上，并让他尽量用心体验。

4. 第一步是呼吸感知。请孩子深呼吸几次，专注听、感受自己的呼吸声音，以及气流通过鼻子和嘴巴进出的感觉。

5. 第二步是听觉感知。鼓励孩子仔细倾听周围的声音，如鸟儿的歌唱、风的声音、钟表的滴答声等。让他们专注于听到的声音，感受声音的远近、高低，并体会节奏感。

6. 第三步是触觉感知。孩子可以轻轻触摸自己的手、脸颊、头发等身体部位，同时专注于触摸的感觉，如温度、质地和触感的轻重。

7. 第四步是嗅觉感知。给孩子一个常见的物品，如一片水果或一朵花，让孩子闭上眼睛，鼓励他深呼吸几次，专注嗅觉香味的感受。

8. 第五步是视觉感知。请孩子缓慢地睁开双眼，观察周围的环境，引导他们专注于事物的细节，如物体的颜色、形状、纹理等。

9. 记录下所用的时间和孩子具体的表现。

训练活动 2——视觉注意训练：镜像数字

这个练习可以锻炼孩子的视觉分辨能力，更好地进行事物的分析与推理。

训练材料：如下所示的图卡、笔。

请在下面找出正确的镜像：678

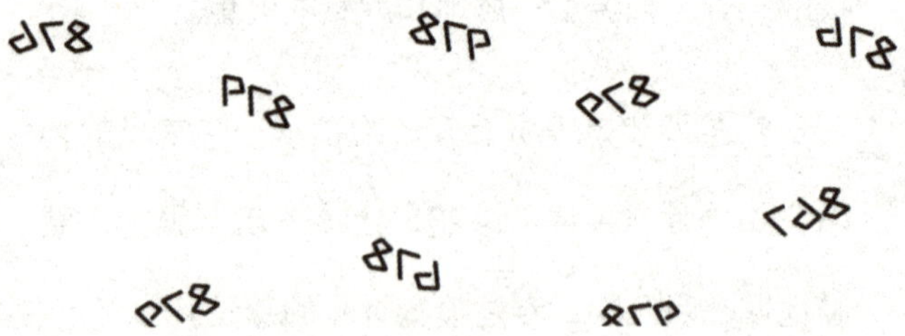

请在下面找出正确的镜像：6347

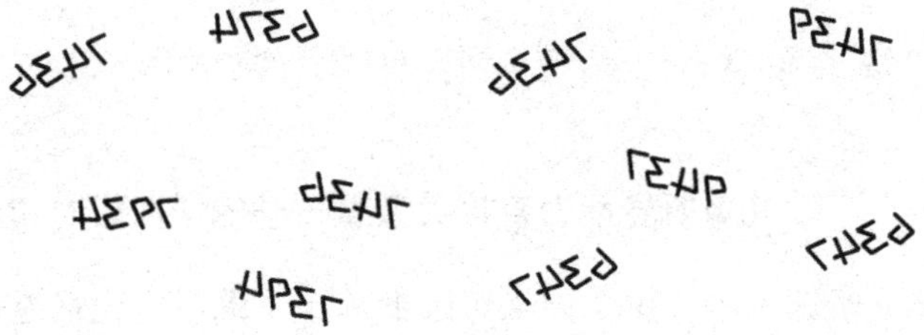

训练方法：

1. 将图卡展示给孩子看，让孩子仔细观察图卡上的数字。

2. 让孩子熟悉镜像的原理，可以用照镜子的方法向孩子解释。

3. 让孩子将图卡中正确的镜像用笔圈出来。

4. 记录所用的时间，以及圈错或漏圈的数量。

训练活动 3——听觉记忆训练：悄悄话

儿童听觉能力直接关系着孩子的学习能力和听课水平，这个训练可以锻炼孩子的听觉记忆能力、执行能力，以及听觉广度。

训练材料：小玩具。

训练方法：

1. 家长可以事先藏好一样小玩具，并在孩子耳边轻声说："你想要的玩具在卧室衣柜左边的第三个抽屉里。”让孩子去寻找。

2. 也可以在孩子耳边轻声说一些混淆视听的话，比如：“一辆巴士本来有 5 个乘客，到站后上来 4 个人，又下去 3 个人。”让孩子把话传递给爸爸或爷爷奶奶，让最后一个听到的人把孩子的话复述出来，检查一下正确率。

训练活动 4——听觉注意训练：听词语做动作

儿童听觉能力直接关系着孩子的学习能力和听课水平，这个训练可以提升孩子对听觉信息的分辨能力与听动觉的协调性，使孩子能够对听觉信息快速地做出正确有效的反应，整体提升孩子的听觉注意水平。

训练方法：

1. 本次训练共分为 5 组，每组有 9 个词语，每组词语中都包含若干蔬菜的名称，家长读孩子听，孩子听到蔬菜的名称后抬一下右脚。家长在读的时候，每个词语间隔 3 秒钟左右。

2. 训练内容：

第一组：韭菜　记事本　胶棒　量角器　纽扣　短裤　裙子　菜花　香皂

第二组：夹克　葱花　口罩　袜子　围巾　苹果　屏风　大蒜　梳妆台

第三组：热水器　摄像机　菠菜　浴缸　葡萄　衣柜　黄瓜　帽子　胡萝卜

第四组：香皂　牙膏　雨伞　芥菜　浴巾　门锁　耳朵　窗帘　大白菜

第五组：木瓜　柠檬　生菜　枇杷　西蓝花　图书馆　土豆　杨树　足球

3. 记录所用的时间，并统计出正确率。

结束活动——静心音乐

播放舒缓、平静的音乐。

听着舒缓的音乐，愉快地结束第七天的练习，孩子可以安静地阅读、做作业，或者准备睡觉。

Day7 活动记录表

活动		用时（秒/分）	正确率（正确量/总题数）	具体表现（困难、进步、新的解决方法、专心程度等）
第7天	活动1 感知五官			
	活动2 镜像数字			
	活动3 悄悄话			
	活动4 听词语做动作			

Day7 答案汇总

训练活动 2 答案：

请在下面找出正确的镜像：678

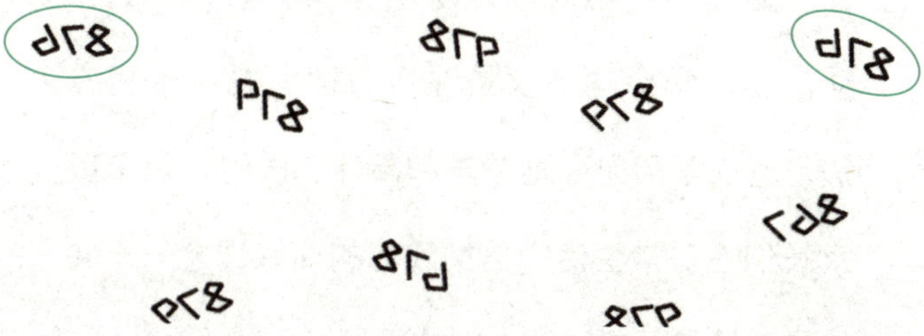

答案：2 个

请在下面找出正确的镜像：6347

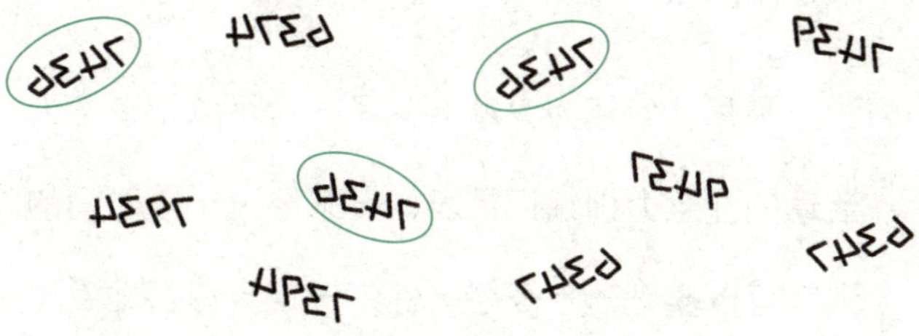

答案：3 个

各位读者朋友，7 天的训练就要结束了，相信大家都收获满满。以后的日子里，期待大家可以继续坚持和孩子一起进行注意力训练活动！

通过这种游戏训练以及和孩子们有爱的互动，我们学会的不仅是注意力训练的技术和方法，也在学习耐心地参与和陪伴。同时，也希望家长们在日常生活中贯彻我们的训练理念——父母是孩子最好的注意力训练师！

我相信，在家长和孩子的共同努力下，孩子的注意力一定会越来越好！同时亲子关系也会越来越棒！

最后，我还为大家准备了一份可以记录 7 天活动的注意力训练记录表，大家经过一段时间的训练可以整理一下表格，你们一定会惊喜地看见孩子的变化！

附 1：注意力训练记录表

活动		用时（秒/分）	正确率（正确量/总题数）	具体表现（困难、进步、新的解决方法、专心程度等）
第 1 天	活动 1			
	活动 2			
	活动 3			
	活动 4			
第 2 天	活动 1			
	活动 2			
	活动 3			
	活动 4			

续表

第 3 天	活动 1			
	活动 2			
	活动 3			
	活动 4			
第 4 天	活动 1			
	活动 2			
	活动 3			
	活动 4			
第 5 天	活动 1			
	活动 2			
	活动 3			
	活动 4			
第 6 天	活动 1			
	活动 2			
	活动 3			
	活动 4			
第 7 天	活动 1			
	活动 2			
	活动 3			
	活动 4			

附 2：第三章示例答案

视觉分辨能力

方法一：找不同

至少 5 处，实际上有 7 处

方法二：找相同

方法三：划消训练

b	p	l	a	t	i	a	m	n	b	p	c	o	w	l
a	m	w	b	k	c	b	d	q	f	l	n	v	d	e
k	p	l	w	v	p	k	v	l	w	x	p	b	a	p
j	p	q	m	n	s	l	i	p	d	n	d	h	o	b
b	d	q	p	l	q	h	q	j	i	k	m	p	d	o
h	k	l	p	b	k	c	m	c	y	w	i	l	x	d
j	p	q	m	n	s	p	g	c	f	n	m	d	i	p
a	m	w	b	k	c	d	c	m	i	h	f	s	d	v
k	p	l	w	v	p	e	j	g	d	b	m	x	u	i

视觉追踪能力

方法一：画虚线

答案略

方法二：走迷宫

方法三：数字连线

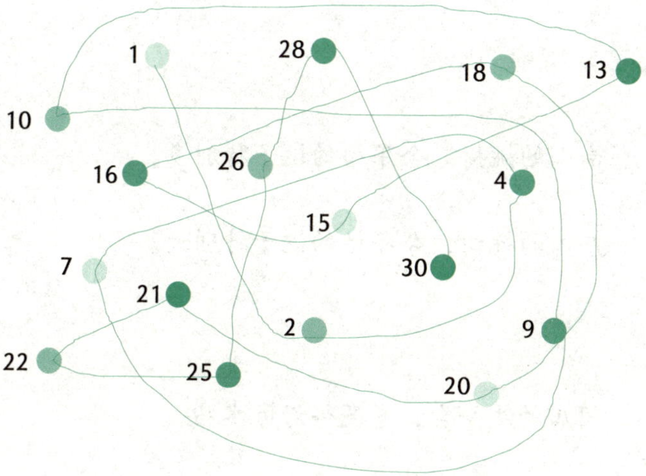

视觉记忆能力、视觉空间能力

答案略

听觉分辨能力

南山的桃树，今年结的桃子特别多。

东山的桃树，今年结的桃子特别大。

酒店的洗手台，光亮得好像水晶。

酒店的洗手台，光亮得好像玻璃。

看冬奥会，运动员们滑得那么精彩，真过瘾。

看冬奥会，运动员们滑得那么漂亮，真痛快。

听觉记忆能力

答案略